U0111813

大展好書　好書大展
品嘗好書　冠群可期

大展好書　好書大展

品嘗好書·　冠群可期

詠春拳 3

梁旭輝 著

即學即用的詠春拳實戰絕技

附ＤＶＤ２碟

大展出版社有限公司

葉準、冼國林、杜宇航、陳嘉桓、嶺南各精武友會會長序

詠春始於師祖嚴詠春氏，衍於梁贊大夫，盛於先父葉公繼問。所謂盛者，張惶幽妙，推而廣之者也；葉問公之於詠春，絕類離倫，居功至巨，未有可與匹敵者。

近年葉問電影之流行也，先有「葉問」，再有二集，「前傳」又接踵而至，遂成我武熱潮。於是欲習詠春者，望門若渴，而傳藝者亦如春筍之生之雨後；香江如是，禪城如是，環宇亦如是也。同門梁君旭輝，於斯時而有是書，實審時應世之舉。

梁君為葉問公再傳弟子，於詠春自有心得；而梁君亦為佛山精武體育會會長，凤頁盛名，廣結武林同道，於相觀而善，如切如磋之際，自然學多識廣。是書之面世也，實為武林美事；初學者手執一本，進益良多，可以料焉。

是為序，並以奉賀云。

八八老人葉準於香江

中國武術舉世馳名，為中國國粹之一；而詠春，更是中華文化當中不可多得的瑰寶。在全球化的影響下，中國武術更經常出現於各種電影或電視節目之中，更被歐美

社會視爲中國重要文化之一。我輩有緣習得詠春拳，是上天的恩賜，好應回饋社會，並將詠春推廣至全中國，及至全世界。然而，詠春聯會的成立，正是爲了肩負起這重大的使命。《葉問》電影系列的誕生、佛山國際詠春邀請賽的開展以及將來詠春武術段位制的設立，也是爲了這相同的理念。

爲這門國粹作全面的推廣需要良好的夥伴，梁旭輝師傅及佛山精武體育會爲此一直不遺餘力，例如這次出版《即學即用的詠春拳實戰絕技》就將佛山詠春的發展史、現況及展望整合成書，助市民大眾更有效瞭解詠春文化及典故。梁旭輝師傅對武術推廣的熱誠及貢獻實在令人敬仰，亦是我輩中人的學習典範。在此，謹祝梁旭輝師傅著作，一紙風行，名揚四海！

世界詠春聯會副主席
香港詠春聯會主席
《葉問》電影系列出品人
——冼國林

我自少便學習中國武術，它一直陪伴著我成長；而武術亦是中國社會重要的集體記憶之一，所以我一直希望能夠廣泛宣揚這種深遠悠長的中國文化。

我有幸主演一部能成功融合武術的電影——《葉問前傳》，實在是獲益良多。該電影除了讓我將中國武術推廣給全世界外，還能借此認識了一些對武術充滿熱誠的同道中人，而能文能武的梁旭輝師傅正是當中的佼佼者。

除了電影這種效果顯著的媒體外，其他的宣傳管道亦

不可忽視，梁師傅今次以文字記錄了佛山詠春的文化、歷史與展望，讓世人以另一種方式重新認識詠春，實在是不可多得！

　　推廣武術的人需要很多的耐性，為了進一步宣揚詠春這門學問，我想梁師傅這本《即學即用的詠春拳實戰絕技》絕對可大派用場。

詠春推廣大使

《葉問前傳》男主角

——杜宇航

　　在拍攝《葉問前傳》的時候，最令我難忘的事就是認識到梁旭輝師傅，在電影中，他飾演 80 年前的精武體育會會長，也飾演我的乾爹。而現實中，我所認識的梁師傅除了以行動宣揚詠春，現在更以文字支援這種中國武術，令我十分敬佩。

　　梁師父在書中道出佛山作為中國武術之鄉實在令我心有同感。當我在佛山拍攝《葉問前傳》時，看到這裡到處都滲透著濃厚的武術氣息，平凡如晨運的人都是打著功夫！身為冼國林師傅的詠春弟子，看到梁師傅在書裡提到有關葉準師傅成立世界詠春聯會的相關事蹟，更是倍有感受。

　　最後，我在此衷心希望梁師傅的新書能夠繼續宣揚詠春文化，同時亦希望那些對詠春文化有興趣的朋友可以關注這本書。

詠春推廣大使

《葉問前傳》女主角

——陳嘉桓

梁旭輝會長乃武乃文、勤勉有爲，是世界精武事業之中流砥柱。他將多年經驗見地集結成冊刊行，實乃嶺南功夫文化的福音。

香港精武體育會主席
——盧偉強

看似彬彬書生，實則堂堂英雄。梁旭輝師傅文韜武略，世界精武同人皆知。梁師傅的武學著作，深入淺出，知行合一，凸顯作者功力，值得珍藏。

澳門精武體育會會長
——梁忠靈

佛山梁旭輝會長精研功夫，尤重學術，乃武乃文，建樹良多。欣聞梁會長著作發行，誠意推薦，無論是否學武，本書都值得一讀。

廣州精武體育會會長
——招德光

自 序

　　許多中國人瞭解詠春拳都是從 2008 年的《葉問》電影開始。當電影裡葉問對著日本武士喊出「我要打十個！」的時候，影院裡的觀眾無不熱血沸騰。葉問以詠春拳的連環沖拳痛打侵華日軍的場面，中國觀眾看得痛快淋漓，這是繼電影《精武門》裡葉問徒弟李小龍飾演的陳眞雙截棍大戰虹口道場之後，又一場經典的電影打戲。

　　雖然在歷史上葉問並沒有在擂臺上直接與日本武術對決，但是葉問卻曾經是廣東抗日游擊隊的技擊教官，用詠春拳培訓出來的抗日戰士，英勇善戰，寫下保家衛國的鐵血篇章。

　　然而在海外，詠春拳已經傳播了半個多世紀，無數的洋人早已知道詠春拳的厲害，中餐和功夫一直是中國人的兩大名片。

　　在 20 世紀 70 年代以前，華人到外國謀生最多的是開餐館，其次是開武館。開餐館的中國人向來吃飯的洋人抱拳作揖和向當地惡勢力交保護費求平安。而只有開武館的師傅，是洋人拿錢過來抱拳作揖求學中國功夫。相比之下，還是開武館比較好。李小龍的《猛龍過江》、成龍的《紅番區》電影便是表現海外華人的生存歷史。

　　當然，在外國開武館要憑眞本事，洋弟子很實際，不

管是哪個國家的師傅，功夫不行就不會有生源。所以華人師傅們無不經歷了無數的戰鬥，令中國功夫揚名海外。詠春拳之「能打」，是歷經了各國高手的檢驗，舉世公認。

中國有「文事必有武備」的古訓，文武兼修是中國人自身學識完善的標準。「孔門六藝」裡有關於武藝的課程，可見萬世師表的孔子也提倡尚武精神。

詠春拳相傳由女子所開創，因其「女人拳」的緣故，崇尚以柔克剛、以弱勝強，其拳法經濟實用、嚴守中庸，因而習詠春有成者，如宗師梁贊、梁碧和、葉問等，皆帶有一股儒雅的風範。而當今的詠春粉絲中，各國不乏政府官員、商界鉅子、影視明星、白領麗人、大中學生等，他們不分國籍、種族和信仰，皆被詠春拳所蘊含的中國嶺南傳統文化所迷倒。

他們除了學習一種特別能打的拳術用於防身自衛，更重要的是看重詠春拳所提供的額外價值，即是如何建立個人安全危機預警、舒緩緊張壓力、養生保健、提高個人自信心等方面的知識和技能。詠春拳除了在各國的軍警安防、職業運動員訓練等領域得到使用外，在人們日常生活中更得到廣泛的衍生應用。

詠春拳現在變成了一種國際符號，正如同西方人的詞典裡有Kung Fu（功夫）一詞，Wing Chun（詠春）也幾乎是人人皆知了。在佛山，我每年都接待非常多的外國朋友，他們喜歡到各個詠春武館去交流切磋，或者到葉問的紀念堂去尋根問祖，還有不少專門到佛山拜師學藝。洋弟子們尤其喜歡我給他們講述中國的功夫文化，他們除了跟我學功夫，還學普通話和粵語；當我給他們起中國名字的

時候，他們都非常開心；在拜師行禮的時候，他們都按照
傳統禮儀恭恭敬敬地斟茶叩頭⋯⋯作爲中國師父，我爲此
非常自豪。

　　葉問宗師以詠春拳抵禦外來侵略，李小龍用詠春拳捍
衛海外華人的尊嚴，而我們這一代傳承人則擔負傳播中國
文化、擴大國際交流的歷史使命。詠春拳現在已經發展成
爲一種大衆健康生活方式和一門應用學科。佛山拳，中國
拳，世界拳，正是所有傳承人的堅持，詠春拳才能跨越兩
百年歷史仍然生生不息，在歲月的洗禮中閃耀出特有的中
國文化之光。

　　詠春拳，今日所學，今日可用。希望本書能夠爲讀者
打開通往詠春拳更高水準的道路，並能成爲一個受人尊敬
的詠春拳師傅。

　　謹以此書獻給所有詠春拳前輩，並與廣大功夫文化愛
好者共勉。

　　是爲序。

梁旭輝
於無憂堂

詠春拳

目　錄

詠春拳七大實戰搏擊原理之「內門外門」／110

詠春拳七大實戰搏擊原理之「尋橋換橋」／129

第一部分

詠春拳，
爲實戰而創的功夫

　　蛇、鶴，性皆敏銳，形態輕靈。蛇鶴相
鬥，猶如高手過招，精彩異常。詠春拳，就
是前人從一場『蛇鶴鬥』中領悟得來，這也
決定了詠春拳自誕生起就帶著實戰的基因。
　　電影《葉問》中，葉問對武癡林說：
『不管什麼招，能打到人就是好招。』詠春
拳之注重實戰，此言不虛。

一、
一場「蛇鶴鬥」與詠春拳的誕生

　　中國的拳術，遠比西洋的拳術要複雜得多。在中國功夫體系裡面，超過一半的拳術來源於動物，無怪乎好萊塢的卡通片《功夫熊貓》裡要安排五個動物高手的角色：虎、鶴、蛇、猴、螳螂，它們分別代表了五種很有名的中國拳：虎拳、鶴拳、蛇拳、猴拳和螳螂拳。

　　中國的功夫前輩們很聰明，他們在大自然中觀察各種動物的神態和動作，繼而模仿創造出具有動物特徵的拳術，這個過程，體現了中國功夫文化「道法自然，天人合一」的精神核心，具有無比深厚的東方文化內涵。

　　在廣東功夫裡面，因動物而成拳的比比皆是：南螳螂拳、龍形拳、洪家拳裡的虎鶴雙形、五形拳（龍、虎、豹、蛇、鶴）、十形拳（龍、蛇、虎、豹、鶴、獅、象、馬、猴、彪），等等，簡直登峰造極，無奇不有可以說，武林高手們是最早懂得應用仿生學的人。

　　傳說詠春拳也是從兩種動物身上得到啟發而被創造出來的，這兩種動物就是蛇和鶴。而詠春拳與其他模仿動物的拳術有所不同的是，詠春拳並非簡單模仿單個動物的捕食動作，而是得靈感於蛇與鶴的兩兩相鬥。看到蛇跟鶴鬥的，一說是五枚師太，一說是嚴詠春本人。

　　前一版本是清廷派兵火燒福建少林寺，五枚師太幸得逃離，一路遠走，直至川滇邊界的大涼山。某日五枚師太

在山中忽見一白鶴與一黑蛇相鬥，蛇與鶴各施各法，鬥得難分難解，五枚師太在一旁觀看，忽然心念一動，將蛇與鶴之相鬥形態合二為一，創出一套嶄新的拳術，專門用來克制清廷大內高手和少林叛徒。五枚師太將此新拳教與嚴詠春，此拳便是後來之詠春拳了。

另一版本則無關五枚師太，是說嚴詠春自己看見蛇與鶴相爭而創出詠春拳的。

20 世紀四五十年代，香港文壇曾有過「少林技擊小說」的熱潮，其豐產作家陳魯勁，筆名「我是山人」，出生於佛山，與佛山詠春派吳仲素、葉問等高手來往甚密，對南派功夫知之甚詳。他寫了一本《佛山贊先生》，對佛山詠春派作了詳盡的介紹。

在書中，我是山人對嚴詠春創詠春拳作了敘述，嚴詠春告訴夫君梁博儔，她某日無意中見到蛇與鶴相鬥一幕：

「我前年赴武彝山斬柴，一日正午，正在大樹下休憩，仰首見樹上一白鶴，蹲在樹枝，單腳獨立，氣魄雄偉，儂不禁心焉慕之。俄聞樹後沙沙作響，一巨蟒蜿蜒而至，其疾如飛，瞬息間奔至樹下，在地上盤成八卦形。我驅左以避，俄見樹上白鶴突然長鳴一聲，從樹上飛躍下地，伸長喙以啄巨蟒。巨蟒伸首反噬，白鶴則左右跳躍，喙爪並用，向巨蟒進襲，進退跳躍，皆有法度。因伏身以窺之，潛心見識。巨蟒雖勇而力大，究不如白鶴身手活潑，此所謂以柔制剛也。久久，巨蟒之眼睛，竟為白鶴所啄傷，其鱗為白鶴之爪所抓破，鮮血淋漓，卒伏地而死。白鶴則長嘯三聲，振翼飛去。自是，我熟思半歲，念巨蟒之強而有力，若技擊中之硬工，若能將白鶴之形勢自成一

詠春少女肖嘉麗（右）、劉小娟

家，足以制硬工而有餘……」

　　由是觀之，兩種傳說版本，除了主角不同，創拳的理念也頗為不同。五枚師太將蛇與鶴兩種身手合二為一集於一身，嚴詠春則單取白鶴的法度。

　　若說以柔克剛，蛇本身即是柔軟無比，蛇形攻擊，一為纏繞，二則標噬，均是靈巧之極。

　　觀佛山詠春拳的手法，蛇形與鶴形皆有，如圈手取自

蛇之纏繞，攤手、標手、窒手、穿手等模仿蛇之昂首噬咬；而拍手、膀手、耕攔手、捆手十足像白鶴翅膀動作，標指如鶴之喙啄。

步法之中，以蛇形為主，如梅花步、蛇形步，皆走弧形。

詠春腳法，因蛇無足，則取鶴法無疑，正踢腳、斜撐腳、後掃腳等，皆如白鶴單足站立以另一隻腳進攻。

以蛇與鶴雙形的拳法，似比單取鶴形更為豐富，佛山詠春拳裡，在同一時間施展蛇與鶴身法的招式比比皆是，而詠春拳的許多要點，如放軟橋手、肘發寸勁、迂迴消打、直取要害，等等，都與蛇與鶴兩種動物之形態相當吻合。

任何功夫體系能經歷數百年而流傳下來，除了幾代人不斷豐富發展之外，其創造者即便是無名氏，亦是值得後人景仰的萬世師表。

姑且不論詠春拳的創造者是五枚師太還是嚴詠春，也不論她們是否真的是看見蛇與鶴相鬥，詠春拳這一「道法自然、不落窠臼、奉行實戰」的佛山功夫，確實是世界武林的一朵奇葩。

二、
葉問傳奇

佛山詠春拳一代宗師葉問，生平傳奇性的故事極多，下面根據史料和傳說輯錄幾則，均頗爲有趣，相信其中大多可提供給影視導演作為影視作品的素材。

張蔭垣府第，位於佛山市禪城區蓮花路沙塘坊，共六進的深宅大院。
葉問大人出自此名門世家

◆ 世家弟子

葉問，原名葉繼問，生於清朝光緒癸巳年九月初五

（1893 年 10 月 10 日），廣東南海縣人（今佛山市南海區羅村聯星潭頭村）。

葉問在家中排行第三，有一兄、一姊、一妹。葉家當時是佛山的大戶人家，居住在福賢里桑園（今佛山市禪城區福賢路、蓮花路一帶），民國十四年（1925 年）開闢馬路改為福賢路。

葉氏宗族在桑園擁有多間大屋，占地甚廣，時人稱桑園葉家莊。而在其左鄰右舍的，都是當時佛山的官商之家。

葉問的元配夫人張永成，為佛山望族張蔭垣之後人（張蔭垣為晚清著名外交官，光緒皇帝欽命戶部左侍郎、總理各國事務衙門大臣，權重一時。因竭力支持南海同鄉康有為的戊戌變法，後被政敵誣陷流放於新疆殺害）。

少年葉問除在葉家莊內的芸香書塾得到良好的國學啟蒙教育外，在葉家宗祠裡遇上佛山詠春開山宗師梁贊的弟子陳華順。當時陳華順租用葉家宗祠作為教拳的地方，11歲的葉問得以少東的便利成為陳華順的關門弟子。數年後陳華順病逝，葉問便隨師兄吳仲素深造（採編於《葉問宗師百年誕辰紀念特刊》）。

❧ 詠春儒俠

葉問 15 歲時，得到姻親資助，去到香港求學，就讀於赤柱的聖士提反書院。葉問年少技高，民族自尊心很強，目睹外籍人欺負華人，總是挺身而出。

特別是有一次痛擊侮辱中國學生的印度籍流氓，更使葉問在當地名聲大震。此事傳到一位老人家耳中，這位老

梁贊次子、葉問的師父梁碧和　　　1919年初到香港的葉問
（梁贊曾孫梁文樂先生提供）

人家便叫人把葉問找來，以長輩口吻責備葉問武藝不精卻好替人出頭。葉問年輕氣盛，哪裡肯服，便與老人較量，卻被老人所敗，原來這位長者正是葉問的師伯、梁贊的次子梁碧和。

之後葉問隨師伯學藝三載，將佛山贊先生的正統詠春心法完全掌握，詠春技法爐火純青。重要的是，在梁碧和身上，葉問又學到一套做人的道理，「性情亦大變，謙謙君子，徇徇若儒者，不識者固不識其為國術大師也（葉問佛山老街坊、技擊小說作家我是山人——陳魯勁1972年12月《悼葉問宗師》文章中之評語）。」

孤身敵眾

民國時期的佛山，凡是三月三北帝誕，人們都要舉行隆重的祭祀儀式，包括北帝坐祠堂、燒大爆（搶丁財

炮）、鄉飲酒禮和北帝出巡。北帝出巡，由牛路村的霍氏宗族派出精壯漢子抬著供奉著北帝神像的神輿（轎子），前面有七星旗幟、八音鑼鼓等儀仗隊伍，並有醒獅相隨，沿著祖廟鋪、觀音鋪、仙湧鋪、黃傘鋪、石路鋪、真明鋪和明心鋪（清朝道光以前佛山市區劃分為24個鋪，民國增設為28個）等老街區巡遊，敲鑼打鼓，十分隆重。

葉問20歲時，適逢北帝誕，便到姑姑家邀上表妹一同出去看北帝出巡。葉問身穿白夏布長衫、白鞋白襪，一副貴公子模樣。他們來到真明鋪（今佛山市禪城區普君北路一帶）的三聖宮，那裡已是人頭攢動、熙熙攘攘，葉問不由得小心地照顧表妹。

這時有一班「機房仔」（紡織工廠的手工業者）從豬崽街（今普君北路舒步街）走來看熱鬧，看到葉問文質彬彬，以為可欺，便對葉問兄妹說三道四、恣意調笑。葉問聽得火起，便與機房仔論理，對方仗著人多，竟動起手來。葉問一見對方身動，也不客氣，詠春拳法立即施展，標打、按打、耕攔手、斜撐腳……真是一拳一中、一腳一倒，打得那七八個機房仔東倒西歪，機房仔知道遇上高人，哪裡還敢停留？唯有抱頭鼠竄而去。

路人見葉問一個文弱書生，竟在瞬間擊敗幾個囂張的傢伙，不由得嘖嘖稱奇。

◈ 智挫花魁

佛山有一條汾江河，北岸有一處鷹嘴沙（今佛山市禪城區汾江橋北岸），為民國初年時候佛山高級的風月之地。岸上有許多「大寨」，即是大型的妓館，而在河面上

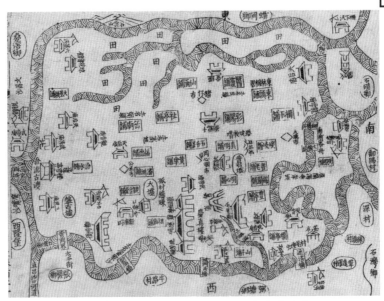

清乾隆佛山總圖，左邊可見汾江北岸鷹嘴沙位置

則停泊著許多「紫洞艇」，均是裝修豪華的酒舫。

　　畫艇、寨館為了爭奪生意，各出奇謀。除了特聘名廚經營特色酒菜，更有南北各地的歌姬，吹拉彈唱。歌姬分為南詞和北詞兩種，南詞歌姬來自江南一帶以彈江南絲竹為主，並唱蘇州評彈小調；而北詞歌姬，以唱北方京韻大鼓聞名。每當華燈初上，鷹嘴沙便笙歌繚繞、鶯歌燕舞，堪比南京的秦淮河。

　　岸上的福安寨，某日來了一個聲色藝俱佳的歌姬叫做豔紅，從江西而來。豔紅聲稱身懷絕技，客人需先押下白銀十兩，可任往她的肚子上打三拳，能將她打痛者可退換銀子並能與她飲花酒且共度春宵。

　　有幾個佛山的教頭，前往嘗試，豔紅任由他們每人打三

當年佛山汾江上的『紫洞舫』

拳，果然面不改色。那些教頭白白輸掉銀子，卻無緣一親芳澤，只好悻悻而返。豔紅屢次賭賽得贏，不免得意洋洋，言語漸有藐視佛山功夫之意。

某夜，葉問恰與一幫朋友在紫洞艇飲宴，聽得朋友說起豔紅的氣功，不以為然。又聞豔紅不把佛山武林放在眼裡，葉問便想一挫其傲氣，朋友見有熱鬧看，便立刻寫花箋請豔紅上船。

豔紅見葉問只是一個翩翩公子，哪裡把葉問放在眼裡？當即袒腹相向，喚葉問打來。

葉問取出銀子放於桌上，對豔紅抱拳說聲「得罪！」一個底掌朝豔紅腹部擊去。豔紅運氣一挺，「啪」的一聲，掌腹相碰，豔紅卻毫無痛苦。

葉問贊聲：「好功夫！」作勢將手掌撤回。豔紅見葉問收手，便回氣鬆弛下來準備第二掌。誰知葉問手掌並未撤離，只是輕輕地貼在豔紅的肚皮上，一感覺豔紅的腹部

清末民初油畫中的佛山街景

氣流回收，葉問的手掌立即往下一印，此次不聞聲響，那豔紅卻突然臉色大變，拱手認輸！

原來葉問第一掌以硬力打去便知豔紅氣功犀利，第二掌卻是以手掌知覺感知對方換氣立即以詠春的寸勁陰力透入，破了她的金鐘罩氣功。

葉問得了勝利，對豔紅說道：「你內功的確了得，如果不用巧計實難勝之。雖則我只是用了五成的無情力，你也已受了內傷，不過調養數日便可痊癒。佛山臥虎藏龍，萬萬不可再倚技賣弄，輕視別派功夫。」葉問言罷寫了一紙藥方，那十兩白銀更不取回，吩咐她拿回去抓藥調養。豔紅感激之極，拜別而去。

◆ 快拳制勝

抗戰爆發前，佛山成為南北武師的聚集地，武術界流派眾多、各顯神通。當時有一北方拳師溫大牛（化名），

聽聞佛山有一種「女人拳」叫做詠春拳，很想見識一下。有些好事之人便慫恿溫大牛找葉問切磋，葉問那邊也欣然應允。

雙方約定時間，借了佛山商會做比武場地，又請了當時佛山名中醫譚尚志做公證。當時葉問遷居在公正路福興街，譚尚志是其鄰居，醫術精湛、人緣極佳。當時消息傳出，佛山武術界多人前往觀看。

葉問決戰日本武士

雙方交手，溫大牛便急不可待地跳前進攻，葉問腳踏梅花步，避過對方鋒芒，以詠春拳消解，一見空隙立即貼身追逼反攻。溫大牛舊力已盡新力未出，身形被封，長橋大馬無法施展，連連後退。不料葉問後發先至，雙拳連環擊出。溫大牛狼狽招架、敗象已呈。

譚尚志見狀立即喊停，葉問悠然停手。譚尚志宣佈和局，葉問微笑向溫大牛抱拳說：「承讓！」溫大牛心知肚明，滿臉羞愧，連說：「佩服！」這次切磋，過程不到兩分鐘，便以葉問的快攻快收結束。（以上三則事蹟見於葉問好友、著名技擊小說作家「念佛山人」即許凱如20世紀60年代的舊文《葉問宗師與詠春拳術》）

抗戰教頭

1938年10月下旬，廣州、佛山相繼淪陷落入侵華日軍手中。佛山精武體育會的會館被日軍佔據用作指揮部，愛國武林人士紛紛離開佛山。

當時葉問任南海縣警察局偵緝隊長，不願留下為敵偽政府效力，亦隨著南海縣國民黨政府官署撤退到九江縣西岸（現佛山市南海區九江鎮）。

當時廣東省第一區抗日游擊縱隊司令李福林，辛亥革命時期著名的廣東福軍領袖，也是1919年廣東精武體育會的發起人，對武林人士十分敬重，命令游擊縱隊特務大隊的大隊長胡家輯物色功夫高手訓練隊伍。

胡家輯是南海縣人，肄業於國民革命軍中央陸軍軍官學校，參加過北伐戰爭。胡大隊長馬上想到同鄉好友葉問，便邀請葉問擔任技擊總教官。葉問欣然應允，立即走

馬上任，以詠春拳日夜訓練游擊戰士。

經葉問盡心訓練的戰士，多次擔任奇襲破壞、潛伏滲透等特殊任務，屢建戰功，殲敵無數。這支抗日縱隊的游擊特工隊，活躍於粵中、粵西南以及廣西梧州等地，英勇善戰，其抗日英雄事蹟曾經登載於粵港地區的《越華報》、《循環日報》、《華僑日報》和《工商日報》等。

香港淪陷後，詠春戰士又以船運公司職員、水手的身份在西江水路（時稱「秘密通道」）配合共產黨東江抗日縱隊的手槍隊特工護送從香港、澳門撤退的愛國文化名人，如夏衍（著名劇作家、時任《救亡日報》總編，後為新中國文化部副部長）、金仲華（時任《星島日報》主編，後為新中國上海市副市長）、范長江（時任《大公報》戰地記者，後為新中國《人民日報》社社長）等，經九江、鶴山、肇慶、梧州前往桂林以及重慶等大後方。又護送海外華僑及外國友人捐贈的抗日物資到國統區和游擊區，立下了赫赫戰功（部分採編自《紀念抗日戰爭勝利六十周年英雄人物史料》）。

香江俠隱

葉問晚年在香港，除了教授詠春功夫，生活一如傳統的廣東人，喜歡飲茶，有時候打打麻將，十分閒適。

葉問生平有五不喜，一不喜穿西裝：現存的照片裡面葉問都是身著長袍短打的舊式唐裝，無論什麼日子或場合均是如此。唯一穿西裝、打領帶的照片是在他的香港回鄉證上。

二不喜直指人非：從不公開當面說他人的短處，私下評論亦以諧趣口吻，從不刻薄。

三不喜教人腳法：詠春拳腳法犀利，葉問認為隨便傳

授腳法容易造成他人傷害，唯有德之人方可教之。

四不喜收女弟子：不喜歡不等於無，葉問在香港還是收了有限幾個女弟子的，不過這些女弟子後來並無太多事蹟及傳人。

五不喜照相：葉問性格低調，加上當時粵、港兩地政制不同，葉問妻兒尚在內地，恐在港報曝光過多會牽連家眷。及至元配夫人去世，兒女相繼來港後，才漸漸多了照片。

葉問在香港與佛山故人多有交往。當年的軍界同僚伍藩，是順德縣（今佛山市順德區）人，曾任抗日第七戰區挺進第三縱隊司令、陸軍少將，手書「詠春絕技」橫幅贈與葉問；佛山籍作家陳勁（我是山人）、許凱如（念佛山人）均在香港報界，分別撰有多篇詠春文章載於《環球

1963年的葉問香港回鄉證，上面改用YIP YAT（葉溢）的名字

報》、《天下日報》等，多取材於葉問講述的故事；功夫界有白鶴派掌門吳肇鐘，三水縣（今佛山市三水區）高豐村人，擅長「醉八仙」、「綿裡藏針」等絕技；陳斗，順德縣人，擅長拳術、舞獅和氣功，為香港道派創辦人；南海同鄉梁家芳，擅長蛇形刁手，則經常與葉問一同前往觀

葉問與早期的四位香港女弟子

看鬥狗比賽。此外還有洪拳、蔡李佛、龍形、白眉等眾多佛山師父，均是葉問好友。

　　葉問於 1972 年 12 月 1 日病逝於香港九龍通菜街家中，享壽 79 歲（綜合取材採編於佛山祖廟博物館葉問堂館藏資料）。

20世紀50年代葉問在好友伍藩所題「詠春絕技」前留影

034

三、
鐵三角：「講手王」黃淳梁、
「終極戰士」張卓慶與
「功夫之王」李小龍

　　20 世紀 50 年代初，佛山詠春拳由葉問帶到香港，為了生計，葉問開始廣收門徒教授詠春拳，由此培養出一大批各有造詣的弟子，其中以黃淳梁、張卓慶、李小龍三人最多傳奇故事。

　　三人為師兄弟，黃淳梁最年長，張卓慶次之，李小龍為師弟。得緣於詠春拳而令各自的人生交織在一起，形成號稱葉問門下的「鐵三角」。

　　筆者從眾多中外雜誌書籍中摘錄整理出這三個師兄弟當年的一些趣事，可令後人瞭解他們非同一般的昔日友情。

　　黃淳梁號稱「講手王」。所謂講手，是比武切磋的文雅說法，其產生亦有一段來歷。

　　黃淳梁、張卓慶等人在練習詠春拳的同時，亦是南華體育會北角海泳場的會員。泳場有一個游泳教練叫「長叔」的，等人稱讚詠春拳如何如何好，便撮合詠春派和白鶴派來一次切磋比試。長叔約了雙方的年輕弟子在某日下午來到九龍油麻地的「一定好」茶樓見面。

　　詠春派以黃淳梁、張卓慶為首，白鶴派以青年高手倪

師傅為代表。雙方落座寒暄之後進入正題，黃淳梁先問：
「貴派哪位先玩啊？」倪師傅笑笑未答，長叔說：「阿倪
先來咯！」黃淳梁指著身邊的張卓慶說：「不如同我師弟
阿慶先玩啦！」長叔說道：「不好，阿倪想同你先玩。」
黃淳梁說好。

　　於是雙方便討論到哪裡切磋，起先大家想上到一座大
廈的天臺，但由於剛下完雨天台濕滑作罷，張卓慶便提議
到附近榕樹頭天后廟，可是他去看過後說那裡有很多小販
擺攤不適合。

　　最後長叔想起有朋友在旺角伊莉莎白體育館的室內球
場任職，可以借出場地，於是一行人便到了那裡。雙方商
定了幾條規則，比如被逼出圈外算輸、不准用腳、嚴禁插
眼等，由長叔做公證，比武雙方各自擺出應戰樁馬。

　　倪師傅以「佛指問路」左手在前右手在後，前弓後箭
馬，黃淳梁紮一個「二字鉗陽馬」，雙手右前左後形成

黃淳梁

張卓慶

「問路手」。一聲哨響，只見黃淳樑一步標前，問手變拍手，左拳衝出，使一招「拍打」。倪師傅反應極快，右拳一招「穿捶」搶先打出，黃淳樑側身閃過，同時右拳「偏身拳」擊出，打中倪師傅胸口。

倪師傅也不停留，雙拳齊發，一時間雙方你來我往，互相擊中，觀戰的都看不清他們用的是什麼拳法招式，只見黃倪二人互打之後瞬間分開，又瞬間交手，兩人臉部都有掛彩，倪師傅的白襯衫更被黃淳樑扯掉衣袖。激鬥之中，二人相互摟抱糾纏不休，長叔見狀即刻吹哨喊停，叫二人休息。

稍事休息後，二人再戰。這次黃淳樑不管三七二十一，一個標馬上前連環沖拳像機關槍一樣連發，倪師傅一

1955 年張卓慶與李小龍

邊躲閃一邊以拋捶還擊，雙方打得十分兇狠。

黃淳梁貼身以短橋緊逼，倪師傅見自己施展不出長橋威力，連連後撤以拉開距離，卻一不小心跳出了圈外。黃淳梁見狀以為對方認輸，便停手轉頭向公證人看去，不料他剛一轉頭，倪師傅忽然前衝，一個穿捶冷不防打在黃淳梁臉上，黃淳梁怒不可遏，一邊叫嚷「他出界了！」一邊追打倪師傅。

這一切都來得太突然，長叔下意識攔著黃淳梁，觀戰的詠春派頓時鼓噪起來，以為公證人偏袒白鶴派，張卓慶馬上衝進場中，追著倪師傅要與他算帳，場面大亂。

長叔見狀趕緊喝停，按住雙方怒火，這時倪師傅才有機會跟黃淳梁解釋自顧退卻並不知道已經出界。長叔趕緊宣佈和局，黃淳梁也很大度，與倪師傅握手客氣一番，於是雙方沒有再戰的興致各自散去。

這場比武本來屬於內部閉門切磋，後來居然被多家報紙熱炒，又引發兩派隔空的「口水」大戰，結果驚動警方，長叔靈機一動，跟警方說當時所有人只是用口說自己功夫的招式出來隔空做動作印證，沒有身體接觸，是「講手」而已。

長叔後來又在「滿庭芳」酒樓宴請雙方，葉問宗師和白鶴派頭面人物吳肇鐘師父帶頭抱拳言歡，這場「講手」風波最後平息。

黃淳梁參加「講手」約有百次，以勝利居多，因此被封為「講手王」，名噪一時。

張卓慶比李小龍只大一個多月，既是李小龍的引師人，也是李小龍最親密的兄弟，他們除了參加有公證人的

「講手」之外，還遭遇比「講手」更驚心動魄的街頭戰鬥。當時的香港社會尚處於十分混亂的局面，幫派林立，各有勢力範圍，黑社會還強逼或拉攏青少年入會。為了自保，尚未學習詠春拳的李小龍跟幾個同齡的青少年組成「龍城八虎」，為的是抵抗其它幫派的滋擾。小龍當時是電影童星，所謂樹大招風，「龍城八虎」免不了跟其它幫派發生衝突，這時他們找到了兒時玩伴張卓慶。張卓慶其時已經練習了一段時間詠春，答應有事會幫忙。

有一天夜晚，張卓慶、李小龍和八虎的一些同伴在街口聊天，忽然見到街坊吳先生和太太慌張地跑來，吳先生臉上流著血，他們說在電影院門口被人偷了錢包，是那幫擦皮鞋的少年集團幹的，吳先生要抓小偷卻被他們打了。

張李等人聽後怒不可遏，去找那幫擦鞋童集團，在電影院門口跟他們打了一架，幾個擦鞋童遠不是對手，便逃往內街，張李等人窮追不捨。

擦鞋童忽然在胡同盡頭跑進一個布簾裡，張李等人衝進布簾一看，登時傻眼！那裡有一大幫人正在挑燈賭博，原來這是扒手集團的老巢。裡面的人看見有生人闖進來，全部停止賭博，站起來，大約有50個人拿起了刀、匕首、鋼管之類的東西，有的開始拿磚頭砸向張卓慶他們。張李等人見勢不妙，趕緊往回跑，輪到對方緊追不捨。

張李等人跑到街口，看見李小龍的哥哥李忠琛來找弟弟，便招呼他一起逃到樓頂天臺。對方一大群人不敢貿然攻上樓頂，便守在樓下想困住張卓慶等。

李小龍憂慮地說如果超過12點沒回家就會被父親責罵，以後都不准晚上出來玩了。張卓慶忽然看到屋頂上有

一間儲物間是租給別人放飲料的，於是撞破了那扇門，搬出了一些可樂玻璃瓶，每個人在腰帶上掛了四瓶，另外手上拿了兩瓶。在快到12點整的時候，他們就將這些可樂瓶往街上扔，然後一路衝出去。

可樂瓶爆炸發出「嘭嘭」的巨大響聲，驚動了很多街坊，那幫想圍困的人以為張李等人來了很多幫手，驚恐地朝四面八方逃竄了，張卓慶李小龍他們就抓住這個機會跑回家了，李小龍得以躲過父親的責罵。

李小龍在見識到張卓慶的詠春拳後，對這種實用的功夫非常感興趣，便請求張卓慶帶他到葉問的武館中，拜入葉問門下。葉問讓黃淳樑給李小龍開拳，張卓慶則成為李小龍最親密的對練夥伴。小龍勤學苦練，進步神速，很快超越了一些同門。

有一天，張卓慶放學後去聖芳濟學校等李小龍一起練習，在校門口見到一個花名叫「阿肥」的同門師兄帶著幾個不認識的人，準備找李小龍算帳。

原因是阿肥的表弟跟阿肥學了詠春之後自以為功夫了得，先前曾找過李小龍「講手」，結果被小龍打落了一顆門牙，這次是請阿肥邀了其它的幫手來教訓李小龍的，要李小龍嘗嘗被打落牙齒的滋味。

當李小龍出來後，張卓慶跟阿肥說：「那次是一個很公平的比賽。小龍不是故意要打掉你表弟的牙齒，純屬意外，他們應該握手言和，不要記仇。而且你的表弟比小龍大，我不認為小龍可以打敗他，那次勝利只是因為小龍的運氣好而已。」

但是阿肥堅持小龍在講手時對他的表弟使了詐，必須

現在擺平。結果雙方最後決定，他們兩個再進行一次友好的比試，看一下誰比厲害。

他們上了屋頂天臺，小龍和阿肥的表弟又重新比試了一次。小龍的出手比對手快多了，他很輕鬆地把那個傢伙打敗。對方的一隻眼睛被小龍的快拳打腫了，整個比賽只持續了30秒。阿肥很生氣，因為張卓慶讓他的表弟又被小龍打了一次。他堅持要找葉問宗師理論。張卓慶說沒問題，約好在葉問宗師那裡見。

張卓慶在茶樓裡找到了葉問宗師，說了整件事情。葉問說：「阿慶，他要來，你就挑戰他，然後打敗他。」張卓慶驚訝地說：「什麼？打敗他？阿肥比我大10歲，體重超過二百磅。」葉問說如果不這麼做的話，阿肥是無論如何都不會善罷甘休的。

他們回到油麻地武館的時候，阿肥已經在門外等著了。進去後，葉問說：「我現在頭很痛，要去屋裡躺一下。你們慢慢聊吧！」然後他就徑直把自己鎖在了裡屋，把張卓慶和阿肥兩個留在外面廳堂不管了。

張卓慶跟阿肥說：「你本可以帶小龍來葉問宗師這裡理論，如果是小龍錯，師父自然會懲罰他。但是你卻帶局外的幫手準備去打一個我們詠春派的弟子，這就太過分了。我以前是非常尊敬師兄你的，本來我會向你道歉，但是現在我要向你挑戰，讓我們用詠春來擺平這件事。」

阿肥先是驚訝地瞪著張卓慶，然後惡狠狠地脫掉上衣，接受挑戰。

雙方擺定問路手，阿肥氣勢洶洶地搶先發動進攻。張卓慶一直繞著他跑，避免和他正面接觸，阿肥一直追打，

截拳道　鄧燕平剪紙

不斷出拳和踢腿，連續發力出招，而張卓慶一直只消不打躲閃著。大約3分鐘後，肥迪開始氣喘吁吁了。

張卓慶知道到對方力氣不支了，反守為攻，衝上前使出按打、橫掌、殺頸手等等連續打了四下，把他逼退到了牆邊，又瞅準機會一拳打中他的下巴。阿肥反應開始遲鈍了，毫無招架之力，張卓慶施展連環沖捶，又連續擊中了他幾次。肥迪體力透支完全虛脫，最後他歪倒著靠在牆上認輸，張卓慶這才收手。

阿肥撿起衣服，拖著肥胖的身軀垂頭喪氣地走了。這時候葉問才慢悠悠地從屋裡出來，佯裝驚奇向張卓慶問道：「喂！什麼聲音這麼吵？我告訴過你們要坐下來心平

氣和地談才會解決問題的嘛！」然後他自己忍不住笑了，因為早知道張卓慶打贏了。

　　葉問宗師其實非常生阿肥的氣，本來是同門弟子的內部矛盾，但身為師兄的阿肥卻私下帶了一些不相關的局外人在詠春武館外面去打自己的師弟，這在葉問的門規下是不能容許的，阿肥受到了教訓。

　　黃淳梁和張卓慶二人都很愛護李小龍這個師弟，李小龍也深受他們的影響。1959 年後，張卓慶去到澳洲，李小龍遠走美國，黃淳梁則一直留在香港。三人天各一方分開以後，李小龍還經常與兩位師兄保持通信和電話來往，內容除了敘述近況，更多地是討論功夫的問題，直到他 1973年突然離世。

　　李小龍在詠春拳的基礎上創立了截拳道，將中國功夫在電影裡創造性地體現，極大地提高了中國功夫在世界武林的地位，他的電影體現中國武者愛國正義，影響了幾代人，至今仍風靡世界。而「功夫」（Kung Fu）一詞也因為李小龍的電影被西方人認識並收入詞典，李小龍無愧於「功夫之王」的稱譽。

　　「講手王」黃淳梁逝世於 1997 年，生前致力研究武學傳授技藝，在香港授徒甚多，曾經在 1996 年 10 月應邀到北京辦過一個詠春短訓班，這是葉問詠春拳最早在北方的傳播。而張卓慶在澳洲完成大學學業，又辭掉高薪的公務員工作，在 1972 年 12 月葉問宗師去世後的第二年開設詠春學校，創立全球正統詠春功夫總會，全身心走上詠春之路。

　　「終極戰士」張卓慶師父曾多次以詠春拳戰勝各國高

手，又應邀成為美國第七艦隊海軍陸戰隊和海豹突擊隊的首席技擊教官，40 多次成為《黑帶》等各國頂級功夫雜誌的封面人物，門下弟子遍佈世界各地，更以古稀之年集結半個世紀的實踐成果形成獨特的高等教育學科《詠春學》，為將詠春絕學回歸祖國、培養中國的高級功夫人才而忙碌。

香江昔日情——葉問、張卓慶和李小龍

四、
實戰搏擊是詠春的核心功能

　　有句俗話說：「一膽二力三功夫。」意思是說，當兩人徒手搏鬥時，制勝的法寶第一看誰的膽子大，敢拼命；第二是看誰的力氣大，力大者占優；第三才看誰會功夫，或誰的功夫好。這句話在許多詠春拳的愛好者看來，是不成立的。

　　在一般情況下，未成年人和成年人、老年人和青年人、女人和男人、身材矮小者和身材高大者，前者都屬於較弱勢的群體。而弱勢群體則往往是最容易受到侵害的，他們因為身體條件上的弱勢，在遭受侵害時往往因為束手無策而感到害怕。

　　恐懼往往來自無奈，但是假如他們掌握了自我保護的方法，有一些基本的經驗，在遇到危險時知道該如何處理，那麼他們的膽氣自然會增加，所謂「藝高人膽大」便是這個道理。另外，如果說在徒手打鬥中誰的力氣大誰就贏的話，那麼世界上所有的功夫都不需要存在了，人們只要去練習舉重就行了。

　　事實上，功夫更多的是一種用力的技巧，而不依賴於先天的力氣。在許多功夫門派中強調的力，是由某一種特定動作而發出來的身體整體的力，或者利用對方發出的力

而反作用於對方身體。功夫高手的力是一種流轉的、變化的力，並不是一種抵抗的、僵化的力。

這就是為什麼一個瘦小的功夫高手，可以在瞬間擊飛比他重得多的精壯大漢，卻不能像大力士那樣舉起比自己體重還要超出許多的重量。

佛山許多深造功夫的老師父，身材瘦削但身手了得，等閒五六個大漢都難以近身，但是不等於老師父可以扛著二百斤大米一口氣跑上八樓，用他們的話說，是「功夫力不同於舉重力」！

說回詠春拳，由於其獨特的訓練方法和發力方式，可以令一個完全不懂功夫的人，透過短期的培訓而成為一個有相當膽識、充滿自信而又不懼大力的高手。

其實，打的時候最要緊是淡定！緊張會使人肌肉僵硬而動作變形，有力發不出，這是臨陣的大忌。膽量其實就是臨陣的心理素質，在激烈的搏鬥中，雙方攻守一個來回的時間非常短，是沒有時間讓你去想究竟什麼是最佳的招式。如果你在一接手的瞬間受挫，就很容易喪失信心而一敗塗地；相反，假如面對對方狂風暴雨般地進攻，你能夠不假思索地輕易化解，那麼你就信心倍增、越戰越勇了。

詠春拳的拳理恰恰是要求詠春戰士在出手時以習慣性的動作同時進行防守和進攻，而非按照防禦——進攻——再防禦——再進攻的一般順序。為此詠春戰士在平常訓練中會不厭其煩地重複許多消打同時的動作，以便形成肢體的「肌肉記憶」，從而能夠在實戰中不用思考，出手便成招。所以膽量來源於純熟的技藝，當你掌握了詠春拳的核心技術並熟練運用，也就擁有了一種緊急避險的能力，你

的自信心便會極大地增強，這種因為練習了詠春拳而充滿自信的案例在詠春派裡數不勝數。

詠春拳是一種近身的搏擊術，立足於實戰，同時要求以巧破力、速戰速決。創立詠春拳的人，原本就是想發明一種以弱勝強的功夫，讓弱勢群體掌握了這種技術，可與強勢的人進行抗衡。因此詠春師父們一向強調不要以力鬥力，要求弟子們在練習黐手時以控制力量的方向和作用點為目的，不提倡以「鬥牛」式的硬推硬揉來對抗。

詠春拳的拳理是非常符合現代力學、運動學以及人體生理學之理論的，同時又暗合經濟學的理論，即用最省力的方式來擊敗對手。如消打同時、直線進攻、攻敵要害、封肘控膝的技術和「來留去送」、「甩手直沖」等心法，都是追求巧施己力、巧消他力的效果。

以柔克剛的效果，詠春拳可以媲美太極拳，詠春拳以直線用力和寸勁為特徵，而太極拳以弧形用力和化勁為著稱，各施各法，有異曲同工之妙。

詠春拳之所以深受各國人士喜愛，很大的原因就是詠春拳經濟實用，具有非常強的實戰搏擊價值，今日所學今日可用。對於一門自衛的技術，易學易用是首要的條件。特別是在節奏快速的現代社會，如果一門功夫要學習十年才有小成的話，很難被多數人接受，畢竟絕大部分人並非以功夫為職業，也不是為了拿個比賽冠軍，而只是想掌握健身又防身的技術而已。

傳統的詠春拳是否適合用於現代競技比賽的問題至今還是存在很大的爭議，但無論比賽規則如何改進或簡化，比賽的安全是第一位的，詠春拳的實戰價值都會因為規則

的約束而降低。

去掉了影視的特效，詠春拳打起來樸實無華，除了打木人樁有點看頭之外，其他的套路基本沒有太多的表演效果。每個佛山師父都會向弟子說明：詠春拳的發明是用來保命的，不是用來表演和比賽的。但恰恰是不中看的功夫才是最中用的，學習詠春拳的數百萬洋弟子都很聰明地明白這個道理。

20 世紀六七十年代，詠春拳剛剛開始在海外傳播時，華人詠春師父經常要面對外國人的懷疑，因為外國人在第一次見到詠春拳的時候，不知道這種奇怪的「女人拳」有什麼過人之處。

在那個時候，讓外國人折服的方法只有一條：就是讓他們真正見識和領教詠春拳的厲害。因此，早期在國外開設武館的中國師父，無一不跟其他國家的功夫高手過招較量，贏了對方便可以在異國他鄉立足。

詠春拳便是經過近半個世紀眾多華人師父的拼搏，以血汗贏得了各國功夫界人士對中國功夫的尊重，在海外為中國人爭了氣。時至今日，詠春拳的實戰價值已經得到了無數次的印證，無須宣傳，在全球有口皆碑、深入人心。

（左）義大利弟子SIMONE
（中文名：西門飛龍，特種員警、非洲搏擊術AREFI-AREHSEE傳承人）

第二部分

初窺門徑——
詠春拳實戰技術初級篇

萬物有形，凡事有道。學詠春也要先入道，即找到門路，路子對了，而後方可登堂入室。

本篇先講詠春的基本手法，簡單實用，上手快；接著從初級套路『小念頭』中精選了部分實戰性動作加以演練，讓習練者體驗實戰之趣，掌握後大可舉一反三；然後是木人樁訓練，鞏固已學技法：學習出手路數，掌握技法循環。

一、
基本手法動作一觸即發

問 路 手

問路手，葉問詠春拳的標誌性起手式，動作瀟灑、氣勢不凡，在《葉問》電影中更是葉問的招牌動作、經典Pose。

問路，即是試探、尋找對方空門確定進攻路線的意思。問路手的前手稱為「問手」，後手稱為「護手」，「問手」與「護手」可以相互轉換。

◎**動作步驟：**

以右問路手為例：

開馬，呈二字鉗陽馬；雙拳變掌，同時從胸前的中線位置向正前方伸出，右手在前，肘部稍微彎曲，手指指尖略向上斜，呈「問手」；左手在後，掌心與右手手臂內側相對，指尖朝上，呈「護手」。

◎**動作要領：**

「問手」的肘要歸中，要處在胸前的中線位置，手掌稍稍上斜，指尖指向對方的眼睛；「護手」側立於問手的肘窩處；目光越過「問手」的指尖射向對方，凸顯自身氣勢、觀察對方的動靜；兩手互換時，「護手」從「問手」的上方伸出呈「問手」，而原「問手」在下方收回呈「護

正面   側面

手」。

◈易犯錯誤：

「問手」的肘外張，沒有歸中；「問手」擺放的位置
太低，手指指尖沒有朝上。

師父曰：

「中線位置」在哪裡？以人身體來說，可想像爲從眉
心開始畫一直線至兩腿中間即爲中線位置。「歸中」則是
指手從其他位置回歸到中線位置。

圈　馬

圈馬也叫圈腳開馬，是梅花步的基本動作。

[1]

[2]

[3]

[4]

◎動作步驟：

[1]開馬，呈二字鉗陽馬；

[2-4]左腳提起靠近右腳內側，接著腳掌貼著地面向前伸出，往左邊畫半圓，腳尖朝前；

[5]　　　　　　　　　　[6]

[7]　　　　　　　　　　[8]

[5]身體重心移至左腳，收右腳至左腳內側；

[6-7]右腳腳掌貼著地面向前伸出，往右邊畫半圓，腳尖朝前；

[8]身體重心移至兩腳間，雙膝內扣，兩腳腳尖向前、平行；上身挺直，雙眼目視前方。

◎**動作要領：**

當某側腳掌移動畫弧線時，注意重心的轉換；腳掌畫弧線至最後時，發力點停留在腳跟；上身保持中正，腰椎垂直；雙拳始拳放在胸膛兩側，拳心朝上；整個身形猶如三角形。

◎**易犯錯誤：**

腳尖過度內扣導致呈內「八」字形狀，或外擺呈外「八」字形狀；雙膝散開未內扣；上身前俯，臀部翹起；上身後仰。

標 馬

詠春拳裡唯一的騰空動作，用來快速前移。

◎**動作步驟：**

以右標馬為例：

[1] 開馬，呈右坐馬，雙手做問路手，右手為問手、左手為護手；

[2-3] 身體重心移至左腳，右腳提起並靠近左腳內側，雙手下引至左後方；接著，左腳蹬地往前躍起，右膝上抬，右手上舉做標手，左手上揚置於右肘下方；

[4] 左腳與右腳先後落地，呈左坐馬，右手標手不變，左手做護手。

◎**動作要領：**

蹬地、抬膝、手上揚需同時進行；在空中時膝蓋要護住襠部。

[1]   [2]

[3]   [3]側面   [4]

◎易犯錯誤：

右腳未先提起並靠近左腳內側；在空中時膝蓋外張；
兩腳僅僅往上跳躍，雙手未往前標出。

詠春拳七大實戰搏擊原理之「守中用中」

如果說光憑出手快和力氣大就可以贏的話，那麼我們只需要練西洋拳擊和舉重就可以了，根本不用練中國功夫。

功夫是技巧、方法，也是一種造詣和境界。

詠春拳之所以令千萬人著迷，就是因為其擁有獨特的搏擊原理，脫離了一般技擊的窠臼，令人耳目一新；簡單明瞭、容易上手，今日所學今日可用。

中線防守原理是詠春拳首要搏擊原理。詠春拳的問路手一擺，便是護住自己身體的中線。

傳說詠春拳之所以是女人拳，是因為能有效防護女子的粉面酥胸不受輕薄非禮。

事實上，無論男女性別，人之前面身體中線均分佈有許多要害，從上到下依次有眼睛、鼻子、嘴巴、下頜、咽喉、心、肺、肝、脾、下陰等，這些要害受到打擊，輕可傷殘、重可致命。

在實戰中，中門大開是大忌，像某些電影裡黃飛鴻擺出兩手上下大大分開的招牌動作，只是為了表演好看，並不符合技擊原理，傳統洪拳裡也沒有這個動作。因此，有效保護自身安全是功夫的第一要義，而詠春對於中線的防

守是非常重視的，許多手法都是為了中線防守而統稱為「中門手」。而攻擊由自身中線發出亦是有效防護的一種，所謂最好的防守是進攻，那麼，最好的中線防守也是中線進攻，攻擊由自身中線發出，指向對方中線，即是攻擊對方要害，這便是「守中用中」的矛盾統一。詠春拳最顯著的優點便是「中門手很密」！

　　練習中門手，最好的方法是不斷地打小念頭。在二字鉗陽馬的站立狀態下，練習攤手、膀手、伏手等，體會身體中線的防守。

二、
學會小念頭就能打

應用一：攤手圈手沖拳

◈動作步驟：

[1] 對峙雙方分別以問路手（同側手方式）戒備；

[2] 弟子（白衣者）突然上右步同時右手日字沖拳，師父（紫衣者）稍左坐馬，左手以攤手攔截對方右拳橋手內側；

[1]　　　　　　　　　　　　[2]

[3-4] 師父攤手變圈手，由對方右拳橋手內側轉至外側，圈手立即變按手，控住對方橋手；

[5-6] 師父左腳上步，左按手同時施加無情力將對方右肘按下封死，同時右拳擊向對方臉面右側。

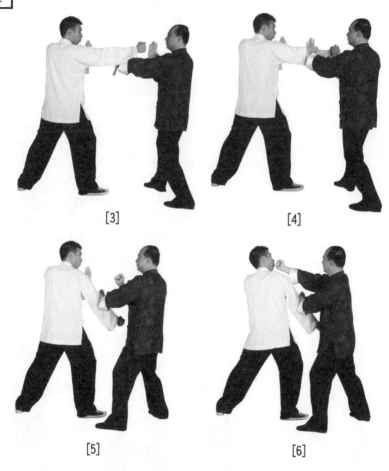

[3]　　　　　　　　[4]

[5]　　　　　　　　[6]

應用二：攤手按手殺頸

◈**動作步驟：**

[1]對峙雙方分別以問路手（同側手方式）戒備；

[2]弟子突然上左步同時左手日字沖拳，師父以左攤手在對方左拳橋手外側；

[1]　　　　　　　　　　　　　　　[2]

[3] 師父上右腳同時側身，左攤手迅速變按手控制住
對方左肘，右手變掌蓄勢待發；

[4] 師父右腳再進步至對方左腳後側「食位」，左按
手施加無情力將對方左肘按下封死，同時右掌以殺頸手向
對方咽喉砍擊。

[3]　　　　　　　　　　　　　　　[4]

應用三：拍手橫掌

◆**動作步驟：**

[1]對峙雙方分別以問路手（同側手方式）戒備；

[2-3]弟子突然上左步同時左手日字沖拳，師父轉馬呈右坐馬，同時以右拍手在對方左拳橋手外側拍擊；

[4]師父右手以橋手施加無情力壓制對方左橋手；

[1]

[2]

[3]

[5] 師父右腳進步身形前壓，左手立即以按手控制對方左肘，右掌以橫掌順勢擊向對方臉面。

[4]　　　　　　　　　　　　[5]

應用四：拍手伏手底掌

◆動作步驟：

[1] 對峙雙方分別以問路手（交叉手方式）戒備；

[1]

[2-3]弟子突然上右步同時右手日字沖拳，師父轉馬呈右坐馬，同時以右拍手在對方右拳橋手內側拍擊；

[4]師父右拍手變成伏手，以無情力將對方右橋手扣壓在下方；

[5-6]師父右伏手立即變底掌轉到對方右橋手外側，上右步同時右底掌擊向對方右下腹，左手呈拍手控制對方右肘。

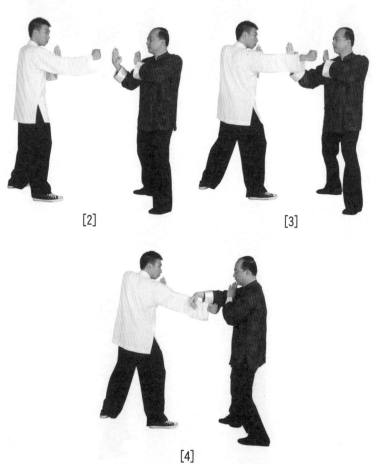

[2]

[3]

[4]

[5]　　　　　　　　　　[6]

應用五：膀手按手沖拳

◆動作步驟：

[1]對峙雙方分別以問路手（交叉手方式）戒備；

[2-3]弟子突然上左步同時左手日字沖拳，師父轉馬呈右坐馬，同時以右膀手攔截對方左拳，左手成護手掌側在對方右拳外側；

[1]

[2]　　　　　　　　　　　　　　　[3]

[4]師父左護手變按手將對方左拳按下，右膀手沉肘
握拳蓄勢待發；

[5]師父右腳稍進，左按手以無情力封壓對方左肘，
右拳以日字沖拳擊向對方面門。

[4]　　　　　　　　　　　　　　　[5]

應用六：按手頂手

◈**動作步驟：**

[1]對峙雙方分別以問路手（交叉手方式）戒備；

[2-3]弟子突然起左腳踢向師父心口，師父立即坐馬側身避過其鋒，同時右手以下拍手拍擊對方左腳脛骨進行攔截；

[1]

[2]　　　　　　[3]

[4-5]弟子左腳在前方落地，左手順勢日字沖拳擊向師父面門；師父右手並不回收，立即以頂手上提，以自己的橋手頂住對方的橋手，消解對方的勁力。

[4]

[5]

應用七：膀手格手底掌

◈動作步驟：

[1]對峙雙方分別以問路手（同側手方式）戒備；

[2]弟子突然上右步同時右手日字沖拳，師父轉馬呈右坐馬，同時以右膀手攔截對方右拳，左手成護手掌側在對方右拳內側；

[3]師父轉馬側身，右膀手沉肘，變格手將對方橋手格開至自己右方，左手同時變底掌蓄勢待發；

[4]師父右腳上步，右手變按手封壓住對方右肘，同時左底掌擊向對方右肋。

[1]　　　　　　　　　　　　　　[2]

[3]　　　　　　　　　　　　　　[4]

應用八：窒手按手標指

◈動作步驟：

[1] 對峙雙方分別以問路手（交叉手方式）戒備；

[2] 弟子突然上左步同時左手日字沖拳，師父稍左側

[1]　　　　　　　　　　　[2]

身，同時以右窒手以大拇指根部攔截對方左拳橋手外側，
左手呈護手；

　　[3]師父上右步，右手立即變按手封壓住對方左肘，
無情力令對方身體前傾；

　　[4]師父右手變標指直取對方眼睛。

[3]　　　　　　　　　　　[4]

詠春拳七大實戰搏擊原理之「直線攻擊」

　　葉問在授徒的時候講到攻擊時曾說：「人走弓，我走弦。」用幾何學來解釋就是：「兩點之間直線最短。」詠春拳出手快，原因之一就是走直線。在運動學裡，直線位移最短，時間最短而速度最快。雖然「條條大道通羅馬」，但是詠春拳就只走捷徑，只認一條攻擊的直線。這條直線也叫做「子午線」，子午線是一條虛擬的線，就是你發出的拳頭（或腳）到對方身體最短的一條直線。

　　在練習套路的時候要經常揣摩這條子午線，令自己做到「手中無線，心中有線」，而在黐手和打木人樁練習中，你更要找到直線進攻的感覺。

　　需要指出的是，直線攻擊的原理是建立在詠春拳近身搏鬥的前提之下。所謂有所長必有所短，直線攻擊放在距離分開較大的打鬥中，往往因為線路簡單而被對方識破而封死，反而限於被動。而在近身搏鬥中，詠春戰士往往採用連續的日字沖拳，實施擊打的時間很短、速度很快，對方往往來不及反應而中招，這便是老師父所說的：「招不怕舊，最要緊受用！」

浙江弟子李立智（華東無憂堂總監，溫嶺市詠春拳會會長）

三、
木人樁訓練第一課

　　木人樁法是詠春派視之為珍寶的訓練方法。

　　以前，木人樁法只有成為師父的入室弟子才有機會學到的，即便是當年葉問門下的學武奇才李小龍也只是學會整套技法的 1/2 而已。

　　據說當年李小龍在演電影成名之後，曾經向師父葉問提出以可以購買一套大房子的價錢來換取全套的木人樁法，並將其拍成電影，但是遭到葉問的拒絕。

　　在清朝道光、咸豐年間，詠春拳由天地會的活動傳入佛山，當時的木人樁分為水上和陸上兩種。

　　水上木人樁安裝在粵劇戲班紅船的甲板上，紅船分為天艇和地艇，只有地艇的甲板上裝有木人樁。因為粵劇戲班的「小武」、「二花面」、「五軍虎」、「四大甲」等會功夫的武生藝人全都生活在地艇上，這樣方便日常集中一起練功。而陸上木人樁則是安裝在粵劇行會瓊花會館以及詠春武館之中，佛山詠春拳開山宗師梁贊的武館就裝有木人樁。一直到 20 世紀 80 年代，佛山詠春派的木人樁式樣還與梁贊先生的一樣。

　　陸上木人樁是「種」在地上的，佛山詠春門人在自家的庭院或武館的地上挖一個略寬於木樁直徑的坑，像種樹一樣將木樁種下去，空隙裡填上細石或粗砂，插上樁手、樁腳就可以練習了。

　　20世紀50年代開始，葉問在香港收徒，由於香港九龍一帶房屋基本都是混凝土樓房，在樓板挖孔根本不可能，於是葉問將佛山的「地種式」木人樁改成了香港的「支架式」木人樁。

　　即是用兩條橫木上下將木樁穿起，橫木再固定在左右兩個木支架上，這樣，木人樁就被支架「掛」起來了。這種港式木人樁又稱為「活樁」，優點是因為可以任意搬動改變放置的位置，缺點是佔用的地方較大。

　　現在佛山的詠春武館裡，「地種式」木人樁和「支架式」木人樁已不多見，常見的是以鋼板焊接成底座的活動木人樁，底座鋼板下安裝有輪子或吸盤，還有可以調節少許高度的固定限位螺絲，這種「底座式」木人樁是目前最

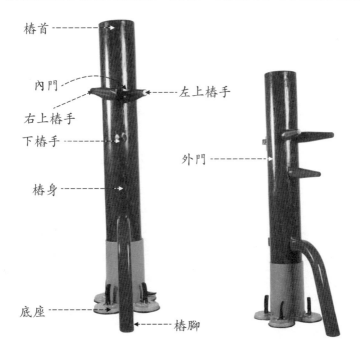

流行的，屬於活樁。另外還有一種「壁掛式」木人樁，是固定在牆壁上的，也有人用。

木人樁的材質以鳳梨格、酸枝、黃花梨木為佳，價值不菲。

木人樁有三隻手和一隻腳，上面左、右兩隻手叫「上樁手」，象徵敵人當胸擊來的左手或右手；下面中央一隻手叫「下樁手」，是模擬敵人擊向自己腹部的手。而最下面的樁腳，代表敵人踢向自己下盤的腳。由於詠春拳殺傷力較強，所以前輩們就發明了木人樁來代替真人以供弟子練習實戰技法。木人樁技法是一種獨特而有效的自我訓練方法，對於提高學習者手腳的寸勁力、腰馬步法的配合、對敵的方位感和距離感，均有極大的促進作用。正所謂：無師無對手，鏡與樁中求。

第一節

（注意：為練習方便，本書技法中所說木人樁的左、右是指與練習者左、右手同側而言，非指木人樁本身的左右。另外所稱順、逆時針方向亦以練習者自身而言）

[1] 起手問路：面對木人樁正面做二字鉗陽馬問路手，左手問手擺在兩個上樁手之間，右手護手。

[1]

[2]**標手入椿**：左標手標於左椿手內側（熟練者亦可在離椿稍遠處以標馬加標手入椿）。

[3-5]**扣頸**：右護手變穿手在左肘下穿出，左腳往椿左側上步；右穿手變捌手於左椿手前端，左手前伸往椿頸後側勾摟；同時坐馬，腰身向右後擰傳力，兩手扣捌形成合力。

[2]

[3]

[4]

[5]

[6]**漏打**：腰身左轉，右手變拳擊在左樁手之下，左手回收變拍手拍擊左樁手外側前端。

[7]**攤手側踩**：腰身右轉，右拳變掌做攤手於左樁手外側，左掌做橫掌於樁頸外側，同時提右腳以寸勁踩踏樁腳彎曲處。

[8]**上下耕攔手**：右腳落地於樁腳右側成左坐馬，雙手做耕攔手，左耕手擊於左樁手外側，右攔手擊於下樁手左側。

[9]**膀手**：往樁身右側迫步，左手越過左樁手上面做膀手於右樁手內側，右手回收做護手。

[10-11]**攤打**：左腳圈馬食位於樁腳右後側，同時左膀手穿過右樁手下面變攤手於右樁手外側，左掌變拳做沖拳擊於樁身右外側。

[6]

[7]

[8]

[9]

[10]

[11]

[12-13]**上下耕攔手**：左腳圈馬於椿腳左側呈右坐馬，雙手做耕攔手，右耕手擊於右椿手外側，左攔手擊於下椿手右側。

[14]**上耕攔手**：右坐馬轉馬呈左坐馬，雙手互換做耕攔手，左攔手變耕手擊於左椿手外側，右耕手變攔手擊於右椿手內側（熟練者可左手環繞左椿手，右手環繞右椿手，雙手互換配合轉馬反覆做上耕攔手，多少隨意，只需將最後動作定為左耕右攔即可）。

[15]**按手正掌**：左坐馬轉鉗陽馬，左耕手變按手按於左椿手，右攔手變正掌擊於椿首面門。

[16]**錯骨手**：腰身右後擰，左掌前伸拍於左椿手根部外側，右掌下拉以大拇指根部扣壓左椿手前端內側，兩手形成鉗力。

[17]**問路收手**：腰身擺正回復鉗陽馬，左手回自胸前

[12]

[13]

中線再做問手，右手做護手，正面向樁身。此即第一節完
畢並為第二節之起手式。

[14]　　　　　　　　　　[15]

[16]　　　　　　　　　　[17]

第二節

[1] **起手式**：鉗陽馬左問路手。

[2] **標手入椿**：左標手
標於左椿手內側（熟練者亦
可在離椿稍遠處以標馬加標
手入椿）。

[3] **扣頸**：右腳往椿右
側上步；右護手前伸往椿頸
後側鉤摟，左手變捌手於左
椿手前端；同時坐馬，腰身
向左後擰傳力，兩手扣捌形
成合力。

[1]

[2]

[3]

[4-5] **伏打**：左按手變伏手，伏在右樁手前端外側，右手變橫掌，擊於樁身右外側，同時提左腳以寸勁踩踏樁腳彎曲處。

[6] **上下耕攔手**：左腳落地於樁腳左側呈右坐馬，雙手做耕攔手，右耕手擊於右樁手外側，左攔手擊於下樁手右側。

[4]

[5]　　　　　　　　[6]

[7]**膀手**：往樁身左側迫步，右手越過右樁手上面做膀手於左樁手內側，左手回收做護手。

[8-9]**攤打**：右腳圈馬食位於樁腳左後側，同時右膀手穿過左樁手下面變攤手於左樁手外側，右掌做橫掌擊於樁身左外側。

[7]

[8]

[9]

[10]

[11]

　　[10-11] 上下耕攔手：右腳圈馬於樁腳右側呈左坐馬，雙手做耕攔手，左耕手擊於左樁手外側，右攔手擊於下樁手左側。

　　[12] 上耕攔手：左坐馬轉馬呈右坐馬，雙手互換做耕攔手，右攔手變耕手擊於右樁手外側，左耕手變攔手擊於左樁手內側（熟練者可左手環繞左樁手，右手環繞右樁手，雙手互換配合轉馬反覆做上耕攔手，多少隨意，只需將最後動作定為右耕左攔即可）。

[12]

[13] **按手底掌**：右坐馬轉鉗陽馬，右耕手變按手按於右樁手，左肘歸中變底掌擊於左樁手下樁身。

[14] **錯骨手**：腰身左後擰，右掌前伸拍於右樁手根部外側，左掌上頂以大拇指根部扣壓右樁手前端內側，兩手形成鉗力。

[15] **問路收手**：回復鉗陽馬左問路手。

[13]

[14]

[15]

第三節

[1] **起手問路**：鉗陽馬左問路手。

[2-4] **拍手入樁**：右拍手拍於左樁手內側；緊接著左護手變左拍手拍於右樁手內側；而後右護手變右拍手拍於

[1]　　　　　　　　　　　[2]

[3]　　　　　　　　　　　[4]

左椿手內側，左手前伸變前膀手於左椿手底。

[5-6]**拍手穿手**：左肘下沉令左手變拍手拍於左椿手外側，同時右手在左肘底下穿出，左腳往椿身左側移步，右腳緊跟。

[7]**殺頸手**：轉馬成呈坐馬，右手下按呈按手於左椿手，左手變殺頸手斜砍於椿頸。

[5]

[6]

[7]

　　[8] **漏打**：腰身左轉，右手變拳擊在左椿手之下，左手回收變拍手拍擊左椿手外側前端。

　　[9] **上下耕攔手**：兩腳於椿腳兩側呈左坐馬，雙手做耕攔手，左耕手擊於左椿手外側，右攔手擊於下椿手左側。

　　[10] **拍手過椿**：左耕手變左拍手拍於右椿手內側，右攔手前伸變前膀手於右椿手底。

[8]

[9]　　　　　　　　　　　[10]

[11-12]**拍手穿手**：右肘下沉令右手變拍手拍於右椿
手外側，同時左手在右肘底下穿出，右腳往椿身右側移步，
左腳緊跟。

[13-14]**殺頸手**：轉馬呈右坐馬，左手下按呈按手於
右椿手，右手變殺頸手斜砍於椿頸。

[11]　　　　　　　　　　　　　　[12]

[13]　　　　　　　　　　　　　　[14]

[15]**漏打**：腰身右轉，左手變拳擊在右樁手之下，右手回收變拍手拍擊右樁手外側前端。

[16]**上下耕攔手**：兩腳於樁腳兩側呈右坐馬，雙手做耕攔手，右耕手擊於右樁手外側，左攔手擊於下樁手右側。

[17]**上耕攔手**：右坐馬轉馬呈左坐馬，雙手互換做耕攔手，左攔手變耕手擊於左樁手外側，右耕手變攔手擊於右樁手內側（熟練者可左手環繞左樁手，右手環繞右樁手，雙手互換配合轉馬反覆做上耕攔手，多少隨意，只需將最後動作定為左耕右攔即可）。

[15]

[16]

[17]

[18]**按手正掌**：左坐馬轉鉗陽馬，左耕手變按手按於左樁手，右攔手變正掌擊於樁首面門。

[19]**錯骨手**：腰身右後擰，左掌前伸拍於左樁手根部外側，右掌下拉以大拇指根部扣壓左樁手前端內側，兩手形成鉗力。

[20]**問路收手**：腰身擺正回復鉗陽馬左問路手。

[18]

[19]

[20]

第四節

[1] **起手問路**：接上節問路手不變。

[2] **低膀手入樁**：鉗陽馬轉馬呈右坐馬，以右低膀手擊打下樁手右側，左手做護手。

[1]

[2]

[3-4]**拍手殺頸**：左手變拍手拍擊左樁手外側，俯身右掌以殺頸手擊打左樁手下樁身。

[5-6]**斜撐腳**：右手收回呈低膀手，左手做護手，同時右腳提膝對準下樁手下左側樁身做斜撐腳，腳外側發力。

[3]　　　　　　　　　　[4]

[5]　　　　　　　　　　[6]

[7-8] **低膀手**：右腳收回在樁腳右側落地，轉馬呈左坐馬，同時左手做低膀手，右手呈護手。

[9-10] **拍手殺頸**：右手變拍手拍擊右樁手外側，俯身左掌以殺頸手擊打右樁手下樁身。

[7]

[8]

[9]

[10]

[11-12]**斜撐腳**：左手收回呈低膀手，右手做護手，同時左腳提膝對準下樁手下右側樁身做斜撐腳，腳外側發力。

[13-14]**上下耕攔手**：左腳提膝收回落在樁腳左側，令兩腳於樁腳兩側呈右坐馬，雙手做耕攔手，右耕手擊於右樁手外側，左攔手擊於下樁手右側。

[11]

[12]

[13]

[14]

[15]**上耕攔手**：右坐馬轉馬呈左坐馬，雙手互換做耕攔手，左攔手變耕手擊於左樁手外側，右耕手變攔手擊於右樁手內側（熟練者可左手環繞左樁手，右手環繞右樁手，雙手互換配合轉馬反覆做上耕攔手，多少隨意，只需將最後動作定為左耕右攔即可）。

[16]**按手正掌**：左坐馬轉鉗陽馬，左耕手變按手按於左樁手，右攔手變正掌擊於樁首面門。

[15]

[16]

[17]**錯骨手**：腰身右後撐，左掌前伸拍於左椿手根部外側，右掌下拉以大拇指根部扣壓左椿手前端內側，兩手形成鉗力。

[18]**問路收手**：腰身擺正回復鉗陽馬左問路手。

[17]

[18]

詠春拳七大實戰搏擊原理之 「肘中樞」

有一本許多詠春拳愛好者熟知的著作叫做《圖解詠春拳》，原著者為李小龍的弟子李運（即嚴鏡海），由李小龍校正。這本書裡提到一個「不動肘」（IMMOVABLE ELBOW）的原理，抄錄如下：

「不動肘」原理在詠春拳中亦占著很重要之地位，理論上它的原理就像颱風一樣，颱風眼通常是靜止的，但其外圍卻具有連貫性及威力強大之破壞力，「不動肘」的原理亦同，以肘部為中心，手及手臂則可以做任何角度及方向之動作，而產生無比之威力，但肘部則永遠保持不動，肘部的位置可以與身體保持三英寸之距離，而肘部向內，手肘雖是固定的中心，但不是僵死的，因為肘部可以是一種輔助手掌及手臂的裝置。如果手腕一旦無法控制對手之壓力時，肘部可以做輔助力量來化解對手之壓力。

筆者在教學中，認為用「不動肘」的名稱容易令學生產生歧義，改作「肘中樞」作為替代更好。「不動肘」只是一個面向西方人的名詞表述，在佛山原生態詠春拳的傳統教學中，並無「不動肘」的說法。

在粵語裡面，肘稱為「睜」（音 zhēng），佛山師父們在小念頭的教學中都要求弟子們要「歸睜」或「夾睜」，不要「飛睜」，即是肘部要內收靠近身體中線。

一般開始學習小念頭時，肘的正確位置是許多初學者練習的難點。攤手和伏手要求肘要歸中，貼近身體，繼而

再沿著身體的中線往前推移。肘部歸中是為了兩點：一是利於守中用中，嚴密防護身體中線，對外施展中門手；二是為了使用肘底發出的力，這種力形成了詠春特有的寸勁和無情力。因此，詠春拳講究的是肘的正確位置，而並不是肘的運動狀態。肘在打拳時始終是呈運動狀態的。

其實李小龍及其弟子在書中的「不動肘」理論也是僅僅想表述以肘驅動手掌達到什麼位置的意思：「根據正確的『不動肘』原理，手及手臂之移動範圍，以上至眉毛之高度，下至大腿之水平線，左右則以兩肩之寬度為限，以此標準所構成的四方形面積內，肘部可以發揮出最高之功能。」這實際上是講述以肘部為中樞來施展中門手的範圍。另外，我們不要忽略詠春拳裡還有膀手和標手的動作，這兩個動作的肘都是向外打開的，即「飛睜」。為的是帶動橋手進行外側的防守，這時候肘的運動軌跡更大了。

正因為肘部是上肢運動的中樞，所以對於自身而言是要將肘部的功能發揮至最大，而對於你要攻擊的對象而言，則是要想辦法控制他的肘部，限制其肘部運動，進而達到控制他全身運動的目的，這便是詠春拳裡特有的「控肘」技術，粵語叫做「拿睜」。

要控制對方的手肘，必須綜合運用詠春拳的手法、步法，而熟練使用尋橋技術和發出自己的「肘底力」無情力，尤為關鍵。基於以上的原理，家師張卓慶在總結詠春技法時反覆向弟子們強調：「詠春拳只需要打一點：對方的肘部」。

無論怎樣，詠春拳由於是貼身緊逼搏鬥為主的功夫，

兩手的技術非常繁多而奇妙，而上肢以肘部為中樞進行運動，如何利用自己的肘部進行技法的施展，控制對方的肘部來限制或封閉其身形，是一項綜合高深的原理。基於兼顧中外弟子學習的需要，在筆者的教學體系中，將「不動肘」原理替代成「肘中樞——施展與控制」。

美國弟子 JOSHUA
（中文名：雷震天，2010 年馬來西亞世界詠春拳擂台賽搏擊金腰帶）

第三部分

越戰越勇——
詠春實戰技術中級篇

　　當你對詠春拳初窺門徑，小有所得後，必然要追求更高的境界。如果說前面介紹的是『靜態』實戰，那本篇內容要講的是『動態』實戰，更有挑戰性，也更有趣味。

　　表現在哪？首先，在基本功方面，介紹步法及腳法，為『移動戰』打基礎。然後是詠春中級套路『尋橋』的應用講解，尋橋即尋找對方橋手的意思，說明這部分的技法不僅具有移動性，還有很強的主動性。

一、
馬穩腰活

坐馬卸力

◈動作步驟：

[1]鉗陽馬問路手（以右問手為例）；

[2]右腳提起，身體左轉，同時右手掌心向下；

[1]

[2]

[3]右腳落地腳尖朝左45度，左腳緊跟提起，右手呈按手，左手呈護手不變；

[4]左腳落地腳尖朝左呈右坐馬，右手按手按下到腹部前方，左手護手不變，眼往右掌。

注：如是可做左坐馬、左按手。

[3]　　　　　　　　　　　[4]

◈**動作要領：**

整個動作要注意腰、橋、馬的合一，按手要以肘底力發出。

師父教路：

對方出拳擊向我身體中線，我坐馬側身避過其鋒，同時以按手施加無情力將對方力道引向空位。對方力道方向已失，我則可以借機發動進攻。

迫馬食位

◈動作步驟：

[1]右坐馬左橋手平起，右掌附於左橋手內側；

[2]左腳往左前進一小步，身形前移，左橋手往前頂，右掌輔助；

[3]右腳快速跟進，仍保持右坐馬。

注：如是可向右做右橫橋迫馬。

[1]

[2]　　　　　　　　[3]

◈動作要領：

整個動作要注意腰、橋、馬的合一，橫橋要充分運用肘部的推力，移動時注意保持自身的重心平衡。

師父教路：

有時不可避免與對方做推頂，此時我橫橋和護手構成防線將對方力道擋在外面，以迫馬進入對方的前腳後面「食位」，可將對方絆倒。

以退為進 T 字馬

◈**動作步驟：**

[1]鉗陽馬問路手（以左問手為例）；

[2]擰腰提右腳，以轉腰的內力側身，以左腳為軸，右腳往左腳後方弧形後撤；

[3]右腳在左腳跟後約一個腳掌距離站定，腳尖朝右，兩腳呈 T 字，重心落在後腳。問路手不變。

[1]

[2]

[3]

注：如是可移動左腳做右腳在前左腳在後的Ｔ字馬。

◎**動作要領：**

移動時注意保持自身的重心平衡，問路手要保持作為防禦。

師父教路：

對方來勢洶洶朝我中線壓來，我只需變正面鉗陽馬為Ｔ字馬，便能立即縮小被攻擊面，避過其鋒。而我的重心已經換在後腳，前腳立即可以施展腳法進攻，所以Ｔ字馬明為退卻實則暗為進攻之發端。

詠春拳七大實戰搏擊原理之「內門外門」

在《圖解詠春拳》裡提到「擋法之四門」：「四門」之範圍與「不動肘」原理的範圍相同，在此四方形之面積內，加以區分為四塊均等面積的區域作為各種擋法之依據。例如，前手的上半側為「高外側門」，任何攻向此門之攻擊，可以由前手擋至外側，而打向「高內側門」的攻擊，將由後手擋至內側。四門內的每一門又可由側面加以區分為前後兩部分。（四門其實變成八門——筆者注）任何攻向前門部分之攻擊可由前手來防禦，而攻向後門部分之進攻可由後手來防禦。

從作者的論述中可看出，「四門」原理是與「不動肘」原理一脈相承而延伸出來的，將身體正面以左、右、高低分為四個門，而身體側面以前、後、高、低又分為四個門，如是產生八種擋法：高外側前擋、高外側後擋、高內側前擋、高內側後擋、低外側前擋、低外側後擋、低內側前擋、低內側後擋。

這種理論顯然是將傳統拳理做了改動，為了適應西方人思維而進行了數學上的「量化」。筆者在早期的教學中，也曾應用「不動肘」和「四門」理論，但是發現中國弟子在記憶這麼多「門」和「擋法」上存在困難，導致練習效果不佳。細想之後，發現原因由於四門是建立在三維空間的一個虛擬模型，劃分「門」的縱橫兩條直線是假象的，這導致練習者在應對對方進攻時，意識上需要先在自

己身體的區域「劃分」出「八個門」，然後判斷對方進入哪個門而採取哪一種擋法。

當然，對於有數年經驗的高手或師父們來說，這些擋法已經練得很純熟不是什麼大問題，但對於許多初學者來說，要在三維立體空間裡去適應如此複雜的擋法，往往顧此失彼，覺得繁雜。

基於筆者在教學中將「不動肘」原理替代成「肘中樞——施展與控制」，故也將「四門」原理換成較傳統的「內外門」。

何為內門、外門？在問路手之中，無論哪個手是問手（前手），問手手掌心側為身體的內門，手背側即為外門，詳細地說就是隨便伸出一隻手，左手右側為內門，左側為外門；或右手左側為內門，右側為外門。這樣一來，我們不需要假想以兩條十字線劃分正面「四門」和側面「門」，而只是考慮以自己的手為標記，只把自己身體區域分為內、外兩門，把三維立體問題簡化成二維平面的解決方案。

相對來說，二維的問題比三維要簡單得多，學習平面幾何也比立體幾何來得容易。「四門」原理僅僅針對自己的防守而言，而對於防守之後如何針對對方進攻卻沒有延續提及，因為不可能建立與之相對應的「四門攻法」來匹配「四門擋法」，這似乎造成了攻防的脫離。而內、外門理論則解決了這個問題，因為根據對方的出手兩側同樣也把對方的身體分成了內、外門。

在實戰中，很少有機會讓你判斷對方的出手是進入你「四門」中的哪個門，因為雙方都在運動狀態之中，接手

的一霎那間很短，根本來不及反應的。詠春拳守中用中就是緊密防護自己的內門，總之只要對方的手一進入自己的內門，無論你是用前手擋還是用後手格能夠封閉自己的空門都是好招式。至於用哪個手先格擋，是沒有定律的，哪個手在當時那一刻最合適就用哪隻手，如果第一手撲空了，另一隻手就要立即補上。

通常來說，根據中線防守理論，對方針對自己內門進攻的威脅比對自己外門的進攻大得多，但不等於可以對進入己方外門的進攻置之不理。相反，在筆者的教學經驗中，要體現詠春拳的「巧」，「守內門，搶外門」相結合很重要！守內門在「守中用中」已經涉及，這裡著重討論「外門」的問題。

對方的外門，即是身體的外側，是自己的最佳進攻區域，因為這是對方防守的「盲區」，反而是己方的「安全區」。比如你進入對方的右側外門，你與對方面朝的方向成大約90度，則對方的左手遠離你是無法對你發生作用的，而此時你只需要將其右肘控制住，以自己的兩隻手來對付對方的一隻手，很明顯你勝算在握。

無論是「不動肘」和「四門」，還是「肘中樞」和「內外門」，都是人總結出來的方法，都是有其應用的先決條件和環境的，不能解決技擊中的所有問題。方法的差異並不是制勝的關鍵，個人運用方法的能力和技能造詣才是最重要的。世界上沒有絕對的絕招，適合你自己且能夠發揮你最大潛力的招式就是你的絕招。

二、
尋橋：橋、腳、腰、馬四合一

應用一：膀手捌手殺頸

◎**動作步驟：**

[1] 對峙雙方分別以問路手（同側手方式）戒備；

[2] 弟子（黑衣者）突然上左步同時左手日字沖拳，師父（白衣者）轉馬呈右坐馬，同時以右膀手攔截對方左拳，左手呈護手掌側在對方右拳外側；

[1]

[3] 師父左護手變按手將對方左拳按下，右膀手沉肘變掌蓄勢待發；

[2]

[3]

[4]師父右腳進馬,左按手以無情力封壓住對方左肘;

[5]師父立即用右手以殺頸手擊向對方咽喉。

[4]

[5]

應用二:窒手圈手按手正踢

◎動作步驟:

[1]對峙雙方分別以問路手(同側手方式)戒備;

[2]弟子突然上右步同時右手日字沖拳,師父立即以

[1]

右窒手攔截對方右拳，左手呈護手；

[3]師父右手逆時針旋轉變圈手由對方右橋手內側轉到外側；

[4]師父右手立即變按手控制住對方右肘，並以無情力封壓；

[5]師父重心落在微屈的左腳，右腳同時飛起以正踢腳踢向對方右肋。

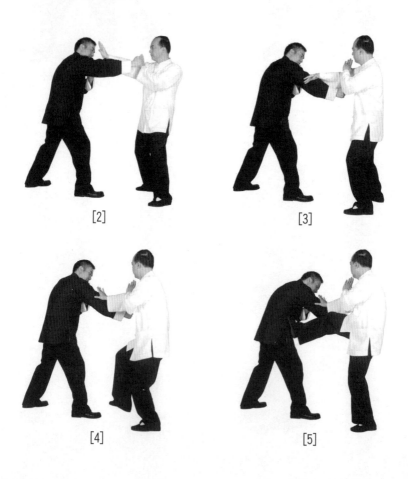

[2]

[3]

[4]

[5]

應用三：托手擒拿

◈**動作步驟：**

[1] 對峙雙方分別以問路手（交叉手方式）戒備；

[2] 弟子突然上左步同時左手日字沖拳，師父側身轉馬呈右坐馬，同時右手掌心朝上在對方左拳下穿過，左手掌心朝下在對方左拳手腕上方按下；

[3] 師父右掌上托控制住對方肘部，左手下按對方手腕，左、右手形成合力將對方橋手反關節鎖住；

[1]

[2]

[3]

[4-5] 師父隨即雙手反擰對方橋手，右手變按手施加無情力，同時右腳膝蓋頂壓對方左腳膝蓋窩，對方被迫左腳跪地，被師父以擒拿手法制住。

[4]　　　　　　　　　　　　　　　　[5]

應用四：退步捌手正踢

◈**動作步驟：**

[1] 對峙雙方分別以問路手（同側手方式）戒備；

[2] 弟子突然上右步同時右手日字沖拳，師父立即以右攤手攔截對方右拳外側，左手呈護手；

[3] 師父右腳後撤到左腳腳後跟呈T字馬，右攤手變捌手抓住對方右手手腕，

[1]

左手穿出控制住對方右肘；

　　[4-5] 師父兩手形成合力將對方下拉，同時左腳飛起以正踢腳踢向對方右肋。

[2]　　　　　　　　　　　　　　[3]

[4]

[5]

應用五：拍手穿手殺頸迫馬

◆**動作步驟：**

[1] 對峙雙方分別以問路手（交叉手方式）戒備；

[2] 弟子突然上左步同時左手日字沖拳，師父立即以右拍手攔截對方右拳外側，左手呈護手；

[3] 師父側身坐馬，左手在自己右橋手下穿出，到達對方左橋手的外側；

[4] 師父左手變按手以無情力封壓住對方左肘，同時右腳進馬至對方

[1]

[2]　　　　　　[3]

左腳後側，右手屈肘變掌；

　　[5]師父手掌以殺頸手擊向對方咽喉，弟子立即以右護手上舉在頸部以掌側頂住師父手刀；

　　[6]師父右腳迫馬緊逼，以自己的右膝蓋頂壓對方左膝蓋窩，同時將右殺頸手變按手緊壓對方左手並後撥；

　　[7]弟子身體被師父以上、下合力扳倒。

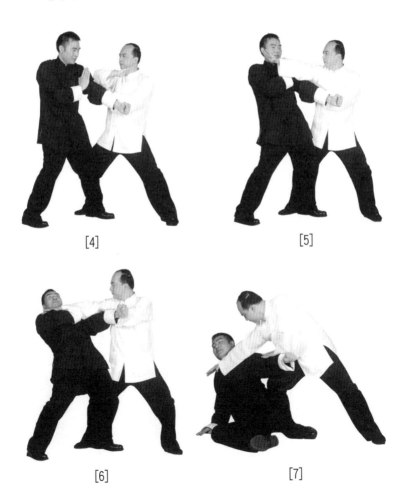

[4]　　　　　　　　　　　　　　[5]

[6]　　　　　　　　　　　　　　[7]

應用六：迫馬按手橫掌

◆**動作步驟：**

[1] 對峙雙方分別以問路手（交叉手方式）戒備；

[2] 弟子突然上左步同時左手日字沖拳，師父立即以右拍手攔截對方右拳外側，左手呈護手；

[3] 師父右腳上步進馬，右拍手變按手封住對方肘部並下按；

[4] 師父右腳再迫馬「食位」並封住對方退路，左手以橫掌同時擊向對方下頜，左橋手的位置恰好封住對方右手。

[1]

[2]

[3]　　　　　　　　　　　　　　　　[4]

應用七：標手正踢斜撐

◆動作步驟：

[1] 對峙雙方分別以問路手（交叉手方式）戒備；

[2-3] 弟子突然上左步同時左手以外擺拳擊向師父太

[1]　　　　　　　　　　　　　　　　[2]

[3]

[4]

陽穴，師父左腳立即後撤到右腳之後呈T字馬，同時以右
標手往上攔截對方右拳內側，左手呈護手；

　　[4]師父立即飛起右腳以正踢腳踢向對方胸口；

　　[5-6]師父並不停止，收右腳後再以斜撐腳下踩對方
左膝蓋，同時右手下沉呈低膀手與左護手防禦。

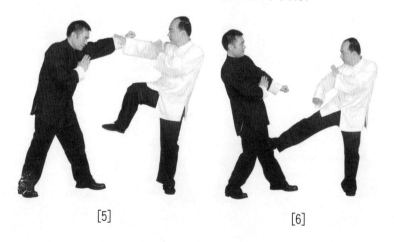

[5]

[6]

應用八：低膀手

◈**動作步驟：**

[1] 對峙雙方分別以問路手（交叉手方式）戒備；

[2-3] 弟子突然上左步的同時左手日字沖拳低位擊向師父腹部，師父左腳立即後撤側身，同時以右低膀手攔截對方右拳外側，左手呈護手；

[4] 師父左護手變按手封壓對方左肘，右手屈肘上揚；

[5] 師父以肘發力將右手背甩出，如鞭子般快速朝對方臉部正面抽擊，擊向對方鼻子以及眼睛。

[1]

[2]　　　　　　　　　　[3]

[4]   [5]

應用九：破牌手

◈**動作步驟：**

[1]對峙雙方分別以問路手（同側手方式）戒備；

[2]弟子突然上右步的同時右手日字沖拳，師父立即側身坐馬以右膀手攔截對方右拳內側，左手呈護手；

[1]   [2]

　　[3]師父轉馬呈左坐馬，同時右膀手變攤手轉到對方右橋手外側；

　　[4]師父右腳上步進馬，右攤手變底掌，以自己右橋手壓制對方右橋手，同時左手往上變正掌；

　　[5]師父右腳迫步，身形前移，破牌手兩掌齊發，左正掌擊向對方臉側，右底掌擊向對方胸口；

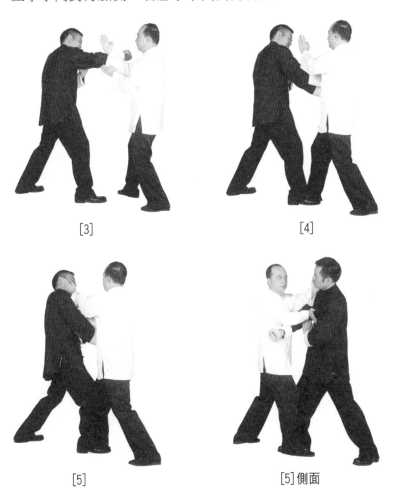

[3]

[4]

[5]

[5]側面

[6] 師父一招得手毫不停留，右腳圈馬轉至對方右腳外側，同時雙掌逆時針旋轉互換，右掌在上左掌在下；

[7] 師父右腳落在對方右腳後「食位」封死其退路，身形跟隨迫馬前移，破排手雙掌趁勢齊發，右掌擊向對方右肋，左掌擊向右腰。

[6]

[7]

詠春拳七大實戰搏擊原理之「尋橋換橋」

在詠春拳裡，肘部的施展和控制是矛盾統一的，在近身搏鬥的較量中，施己所長必然要克人所長，對於如何控制對方手肘的問題，詠春拳提供了尋橋的解決方案。

所謂橋手簡單說便是前臂，找到對方的橋並加以控制是詠春拳在近身搏鬥中時常強調的。在近身緊逼的狀態下，控制對方的橋或肘只是位置有些許差異，但意義都是一樣的。

筆者在本門尋橋技法教學中，用「同側手」和「交叉手」的概念，令弟子易記易懂。「同側手」即二人面對面擺問路手，二人的問手（前手）分別是左手和右手。而「交叉手」即二人的問手是同時左手或右手。

在雙黐手練習時，盤手階段雙方都是同側手運動，當雙方過手時，同側手很快會變成交叉手。而在離手狀態下的自由攻防，則同側手或交叉手的狀態會隨機出現。因此，我們可以分不同情況循序漸進地練習尋橋技法：一、單手同側手；二、單手交叉手；三、雙手同側手；四、自由過手（同側手和交叉手自由變化）。

無論是同側手還是交叉手狀態，任何一方都力圖尋到對方的橋手，施展無情力以橋占橋，當自己的一隻橋感受到對方壓力時，以力鬥力是不明智的。

與太極拳的拳理有所相似，詠春拳也非常講究勁力的流轉，比如由膀手變攤手，或用圈手變換位置等，用自己

的勁力反制對方的勁力，卸掉對方壓力並解除被對方占橋的條件，並在一瞬間反過來占對方的橋，這種方法叫做「換橋」。

換橋，是攻守互易的方法，目的是為了解脫被對方占橋時的困境，分為單手換橋和雙手換橋。

單手換橋是以攤、伏、膀、圈等手法變被占橋而反占橋，比如我的底掌被對方按住，我馬上圈手到其按手上反壓。而雙手換橋則是當自己的一個橋手已經被對方占住難以解脫，我即捨棄被占之橋手，以另一隻手攻擊對方或反占對方的橋手。比如對方試圖施展「一伏二」的手法，我立即捨棄上面被壓之手，將未受壓的另一隻手快速抽出，透過擊打對方或攔截對方進攻來獲得解脫。

占橋與反占橋是一個無限循環的過程，也是詠春拳黐手或離手攻防訓練中的奧妙所在。在友好切磋的狀態下，如果雙方功力相當、勢均力敵，會感受到尋橋、占橋、拆橋、換橋的轉換就像做遊戲般趣味無窮。

三、
木人樁訓練第二課

●膀手捋手殺頸

[1] **起手問路**：鉗陽馬左問路手。

[2] **雙托手入樁**：兩掌翻轉掌心朝上，由下往上肘底發力做雙托手托擊左右樁手底部。

[3-4] **上耕攔手**：鉗陽馬轉馬呈左坐馬，雙手做耕攔手，左耕手擊於左樁手外側，右攔手擊於右樁手內側。左手環繞左樁手，右手環繞右樁手，雙手互換配合轉馬反覆做上耕攔手，2～3次皆可，將最後動作定為右耕左攔。

[1]　　　　　　　　　　　　[2]

[3]　　　　　　　　　　　　　[4]

[5]　　　　　　　　　　　　　[6]

[5]**按手底掌**：右坐馬轉鉗陽馬，右耕手變按手按於右樁手，左肘歸中變底掌擊於左樁手下樁身。

[6]**雙托手**：兩掌翻轉掌心朝上，由下往上肘底發力做雙托手托擊左右樁手底部。

[7]**上耕攔手**：鉗陽馬轉馬呈左坐馬，雙手做耕攔

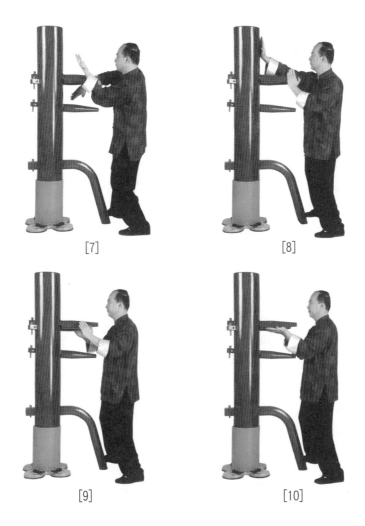

[7]　　　　　　　　　　　　[8]

[9]　　　　　　　　　　　　[10]

手，左耕手擊於左樁手外側，右攔手擊於右樁手內側。左手環繞左樁手，右手環繞右樁手，雙手互換配合轉馬反覆做上耕攔手，2～3次皆可，將最後動作定為左耕右攔。

　　[8] 按手正掌： 左坐馬轉鉗陽馬，左耕手變按手按於左樁手，右攔手變正掌擊於樁首面門。

[9-10]**雙托手**：兩掌翻轉掌心朝上，由下往上肘底發力做雙托手托擊左右椿手底部。

[11-12]**雙伏手**：雙手分別繞著左右椿手外側做伏手並以手腕扣壓在椿手之上，兩肘歸中。

[13-14]**雙底掌**：兩肘張開，令雙手在椿手從外往裡

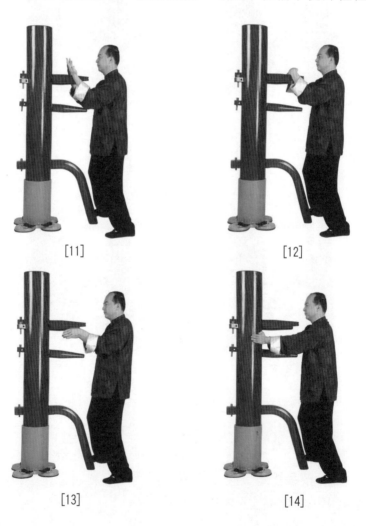

[11]

[12]

[13]

[14]

鑽出，掌心相對，接著兩肘歸中令兩掌呈底掌擊於上樁手底下樁身。

　　[15-16]**雙攤手**：兩掌手腕翻轉令掌心朝上做攤手於兩樁手內側，鉗陽馬不變。

　　[17]**雙正掌**：兩掌手腕翻轉令掌心朝前做正掌擊於樁首面門。

[15]　　　　　　　　　　　　[16]

[17]　　　　　　　　　　　　[18]

[18]**雙窒手**：雙手沉肘，兩手做窒手以掌跟內側按壓於兩樁手外側。

[19]**雙托手**：兩掌翻轉掌心朝上，由下往上肘底發力做雙托手托擊左右樁手底部。

[20]**問路收手**：腰身擺正回復鉗陽馬左問路手。

[19]   [20]

第六節

[1]**起手問路**：換以右問手並左護手，鉗陽馬不變。

[2]**窒手入樁**：右手手腕微轉令掌心朝下，以右掌跟右側發力做窒手，擊於左樁手內側。

[1]　　　　　　　　　　　　　[2]

　　[3-4]**標手窒手**：右肘帶動，以右掌跟外側發力做標手，擊於右樁手內側；同樣以寸勁發力做右窒手，擊於左樁手內側。

[3]　　　　　　　　　　　　　[4]

[5-6]伏打：右手變伏手扣壓於左樁手上，左腳稍往左移轉馬呈左坐馬，左手肘歸中令左手呈橫掌以肘底力擊打於左樁手下部樁身。

[5]

[6]

[7]捆手：雙手變捆手，右攤手擊於右樁手內側，左膀手擊於下樁手左側。

[8-9]破牌手：左坐馬轉鉗陽馬，兩肘內夾歸中令掌跟相對呈蝴蝶掌，右上左下；以肘底力發寸勁以破牌手上下同時擊於樁身正面，右手呈正掌，左手呈底掌。

[7]

[8]

[9]

[10-11] **膀手：**兩手收回，右腳右移轉馬呈左坐馬，左手做膀手於右樁手內側，右手呈護手。

[10]

[11]

[12-14]**破牌手**：左腳圈馬食位入樁腳右後側，右腳跟步移動呈右坐馬；兩肘內夾歸中令掌跟相對呈蝴蝶掌，左上右下；以肘底力發寸勁以破牌手上下同時擊於樁身側面，左手呈正掌，右手呈底掌。

[15-16]**上下耕攔手**：左腳圈馬於樁腳左側呈右坐馬，雙手做耕攔手，右耕手擊於右樁手外側，左攔手擊於

[12]　　　　　　[13]　　　　　　[14]

[15]　　　　　　　　　[16]

下樁手右側。

[17-18] **上耕攔手**：右坐馬轉馬呈左坐馬，雙手做耕攔手，左耕手擊於左樁手外側，右攔手擊於右樁手內側。左手環繞左樁手，右手環繞右樁手，雙手互換配合轉馬反覆做上耕攔手，2～3次皆可，將最後動作定為右耕左攔。

[19] **按手底掌**：右坐馬轉鉗陽馬，右耕手變按手按於右樁手，左肘歸中變底掌擊於左樁手下樁身。

[17]

[18]

[19]

[20] **錯骨手**：腰身左後擰，右掌前伸拍於右樁手根部外側，左掌上頂以大拇指根部扣壓右樁手前端內側，兩手形成鉗力。

[21] **問路收手**：腰身擺正回復鉗陽馬，左手回自胸前中線再做問手，右手做護手，正面向樁身。

[20]

[21]

第七節

[1]**起手問路**：接上節問路手不變。

[2]**下拍手入樁**：左手做下拍手以掌跟拍擊下樁手上面。

[1]

[2]

[3]**頂手**：左手提腕以腕部頂擊左樁手下面。

[4-5]**拍手穿手**：左手變拍手拍於左樁手外側，同時右手在左肘底下穿出，左腳往樁身左側移步，右腳緊跟。

[6]**殺頸手**：轉馬呈左坐馬，右手下按呈按手於左樁手，左手變殺頸手斜砍於樁頸。

[3]　　　　　　　　　　　　　[4]

[5]　　　　　　　　　　　　　[6]

[7]漏打：腰身左轉呈右坐馬，右手變拳擊在左樁手之下，左手回收變拍手拍擊左樁手外側前端。

[8]下拍手：轉馬呈鉗陽馬，右手做下拍手以掌跟拍擊下樁手上面。

[9]頂手：右手提腕以腕部頂擊左樁手下面。

[7]

[8]　　　　　　　　　[9]

　　[10-11] **拍手穿手**：右手變拍手拍於右樁手外側，同時左手在右肘底下穿出，右腳往樁身右側移步，左腳緊跟。

　　[12-13] **殺頸手**：轉馬呈右坐馬，左手下按呈按手於右樁手，右手變殺頸手斜砍於樁頸。

[10]

[11]

[12]

[13]

[14]**漏打**：腰身右轉呈左坐馬，左手變拳擊在右椿手之下，右手回收變拍手拍擊右椿手外側前端。

[15]**上下耕攔手**：左腳左移於椿腳左側呈右坐馬，雙手做耕攔手，右耕手擊於右椿手外側，左攔手擊於下椿手右側。

[16]**上耕攔手**：右坐馬轉馬呈左坐馬，雙手互換做耕攔手，左攔手變耕手擊於左椿手外側，

[14]

右耕手變攔手擊於右椿手內側（熟練者可左手環繞左椿手，右手環繞右椿手，雙手互換配合轉馬反覆做上耕攔手，多少隨意，只需將最後動作定為左耕右攔即可）。

[15]

[16]

[17] **按手正掌**：左坐馬轉鉗陽馬，左耕手變按手按於左樁手，右攔手變正掌擊於樁首面門。

[18] **錯骨手**：腰身向右後擰，左掌前伸拍於左樁手根部外側，右掌下拉以大拇指根部扣壓左樁手前端內側，兩手形成鉗力。

[19] **問路收手**：腰身擺正回復鉗陽馬左問路手。

[17]

[18]

[19]

第八節

[1]**起手問路**：接上節問路手不變。

[2]**上下耕攔手入樁**：
鉗陽馬轉馬呈左坐馬，雙手
做耕攔手，左耕手擊於左樁
手外側，右攔手擊於下樁手
左側。

[3-6]**轉馬耕攔手**：左
坐馬轉馬呈右坐馬，雙手互
換做耕攔手，右耕手擊於右
樁手外側，左攔手擊於下樁
手右側。再轉馬呈左坐馬，

[1]

[2]

[3]

雙手互換做耕攔手，左耕手擊於左樁手外側，右攔手擊於
下樁手左側。

　　[7]**橫掃腳**：上身動作不變，重心右移，提左腳做橫
掃以腳內側橫擊於樁腳彎曲處左側。

[4]

[5]

[6]

[7]

[8]**正踢腳**：左腳不落地，順勢上踢做正踢以前腳掌
踢擊於椿腳上部椿身正面；雙手翻轉掌心朝上做托手各自
托擊於左右椿手下面。

[9-10]**斜撐腳**：左腳依
然不落地，腰身向右後擰且
右腳順勢碾地側轉，左腳提
膝收起，雙手收回近身且左
手做低膀手以右手做護手；
左腳做斜撐腳用力踩踏於椿
腳上側跟部。

[8]

[9]

[10]

[11-13] **上下耕攔手**：左腳提膝收回落地於樁腳左側，轉馬呈右坐馬，兩手打出耕攔手，右耕手擊於右樁手外側，左攔手擊於下樁手右側。

[11]

[12]

[13]

[14-17]**轉馬耕攔手**：右坐馬轉馬呈左坐馬，雙手互換做耕攔手，左耕手擊於左樁手外側，右攔手擊於下樁手左側。再轉馬呈右坐馬，雙手互換做耕攔手，右耕手擊於右樁手外側，左攔手擊於下樁手右側。

[14]

[15]

[16]

[17]

[18-21]**連環三腳**：與本節前述左腳三腳要領相同，換成右腳次第做橫掃、正踢、斜撐三種腳法。

[18]　　　　　　　　　　　　　[19]

[20]　　　　　　　　　　　　　[21]

[22-24]**上下耕攔手**：右腳提膝收回落地於樁腳右側，轉馬呈左坐馬，兩手打出耕攔手，左耕手擊於左樁手外側，右攔手擊於下樁手左側。

[22]

[23]

[24]

[25]

[25-26]上耕攔手：左坐馬轉馬呈右坐馬，雙手互換做耕攔手，右攔手變耕手擊於右椿手外側，左耕手變攔手擊於左椿手內側。左手環繞左椿手，右手環繞右椿手，雙手互換配合轉馬反覆做上耕攔手，多少隨意，只需將最後動作定為左耕右攔即可。

[26]　　　　　　　　　　　[27]

[28]　　　　　　　　　　　[29]

　　[27] **按手正掌**：左坐馬轉鉗陽馬，左耕手變按手按於左樁手，右攔手變正掌擊於樁首面門。

　　[28] **錯骨手**：腰身向右後擰，左掌前伸拍於左樁手根部外側，右掌下拉以大拇指根部扣壓左樁手前端內側，兩手形成鉗力。

　　[29] **問路收手**：腰身擺正回復鉗陽馬左問路手。

第四部分

無招勝有招——
詠春實戰技術高級篇

李小龍說：以無法為有法，以無限為有限。功夫的至高境界即是無招勝有招，有招似無招。

當你把詠春技法練至臻熟，領悟了其中道理，運用起來必能不拘成法，隨心所欲。古龍說：凡武林高手，必是手中無劍心中有劍。然也！

本篇內容為詠春的高級實戰技法講解，讓習練者體驗其中之妙。

一、
全身皆武器

標　指

◆動作步驟：

[1] 外標指

以左外標指為例：弟子（白衣者）的右手攻擊被師父攔截，師父（黑衣者）上步進馬到對方右外門，以右按手封壓對方左肘，左手立即變標指朝對方眼睛標插，左掌心朝下肘底發力運勁於指端，肘部伸直瞬間將手指折向左邊（己方左手外門），力貫指尖。

[2] 內標指

以左內標指為例：師父以「一伏二」右按手封住對方

[1]　　　　　　　　　　　　　[2]

兩手，同時右腳上步進到對方內門，左手立即變標指朝對方眼睛標插，左掌心朝下肘底發力運勁於指端，肘部伸直瞬間將手腕外挺，手指折向右邊（*己方左手內門*），力貫指尖。

[3]下標指

以左下標指為例：師父以「一伏二」右按手封住對方兩手，同時左腳上步進到對方右外門，左手立即變標指朝對方眼睛標插，左掌心朝右肘底發力運勁於指端，肘部伸直瞬間向上挺腕，將手指下插，力貫指尖。

[4]上標指

以右上標指為例：弟子的右手沖拳攻擊被師父以左標手攔截，師父上右步進馬到對方左外門，左標手控制住對方左肘，右手同時標指，肘底發力運勁於手指端並朝對方左肋擊出，肘部伸直瞬間沉腕，將手指翹起，力貫指尖。

[3]

[4]

級肘、批肘、頂肘

◈**動作步驟：**

[1] 級肘

詠春肘法之中，從上往下蓋、磕的運肘的方法稱為級肘。以右級肘為例：弟子左手進攻被師父左手攔截，師父以上步迫馬搶入對方左外門，師父左按手封壓住對方左肘後，右肘同時豎拉起至最高點，坐馬轉腰，右肘猛力以肘尖為發力點豎向砸下對方後頸。

[2] 批肘

水準運肘的方法稱為批肘，取橫批之意。

以右批肘為例：師父以「一伏二」左按手封住對方兩手，同時右腳以上步迫馬進到對方內門，轉馬同時右肘運勁於肘尖隨腰左轉，水平橫向掃擊對方下頜或咽喉。

[1]級肘　　　　　　　　　　[2]批肘

[3]頂肘

由下往上運肘的方法稱為頂肘。

以右頂肘為例：師父以「一伏二」左按手封住對方兩手，同時右腳以上步迫馬進到對方左外門，右肘尖向上頂並擊向對方咽喉或下頜，同時右膝蓋用力頂對方左膝蓋窩，合力可將對方擊倒。

[3]頂肘

鳳眼拳

◎動作步驟：

[1]握拳食指突出狀似鳳凰之眼，故名鳳眼拳。為詠春秘傳點脈手法專用。

[1]

[2]鳳眼拳打出時，肘底發力，在接觸對方身體的瞬間，手腕旋轉，鳳眼拳亦旋轉擊入，可令勁力如子彈般旋轉直透入對方體內。

[3]師父以「一伏二」左按手封住對方兩手，同時右腳以上步迫馬進到對方左外門，右手握鳳眼拳，沉肘發力，手腕外旋，鳳眼拳由下往上擊打對方太陽穴。

[4]師父以左按手封住對方左肘，同時右腳以上步迫馬進到對方右外門，右手握鳳眼拳，與上圖運用軌跡相反，此時肘部外張發力，手腕內旋，鳳眼拳由上往下擊打對方太陽穴。

[2]

[3]

[4]

詠春拳七大實戰搏擊原理之 「消打合一」

詠春拳快，在很大程度上是因為詠春拳強調兩手同時用，消打合一。

消力，就是令對方的勁力消失。在單手對單手的情況下，消力方法有主動與被動之分。被動的方式比較常用，主要有兩個：

一是格擋，比如用攤手、膀手、拍手、標手、格手等，所謂直來橫打、不逆其鋒，便是此類手法；

二是壓制，手法有按手、窒手、捌手，即用向下的「無情力」將其力量下引而致消失。

主動消力即是以打對打、以打為消、消打合一。單手的手法是同側手的「漏打」，即是讓對方的出手「漏」進來，改先消後打為打中帶消，人有人打，我有我打，而我在打的過程中順便由局部格擋或壓制消力。

這需要有較好的功夫和經驗，還要看是否具備臨場發揮的條件，此為後發先至的打法，非藝高膽大之人不能施用，否則極易中招。

舉例如下：對方以右日字沖拳打來，我立即左坐馬以左日字沖拳打其內門，利用我之左肘將其右橋手阻在自己的外門，而我之左拳早已擊中對方面門，這就是內門手的消打，用的是以己之橋手格擋對方橋手之法。而同樣是對方以右日字沖拳打來，我亦可左坐馬以左橫掌在其外門斜向上切入占橋，以自己橋手壓制對方橋手，令其勁力大

消，而我之橫掌並不停留而是直接擊中對方側面，這是外門手的消打。

上述情況我右手始終做護手戒備，以防有變。

至於用雙手來實施消打合一，用法比較簡單明快，練好本書列出的四個簡單組合即可：攤打、標打、按打、格打。這四種組合全部是一手消一手打，雙手同時使用，其中攤打和標打消手的線路長，利用長橋力消力，而按打和格打消手的線路短，屬於短橋力消力。

另外還有一種雙手「漏打」，也叫「拍打」，與上述同側手「漏打」不同，「拍打」是以交叉手相對。比如對方右拳朝我面門打來，我亦以右拳向其內門打去，而我故意讓其右拳「漏」進我之內門，我以左拍手拍擊其右橋消力，而我之右拳同時擊中對方右肋。

雙手「漏打」在木人樁技法裡時有用到，有興趣的朋友可以練習。

以打為消、後發先至，掌握時機非常關鍵，這是險中求勝的方法，如果運用得當的話，事半功倍。

二、
標指：逢空即入，雙手互搏

應用一：窒手按手標指

◎**動作步驟：**

[1] 對峙雙方分別以鉗陽馬問路手(同側手方式)戒備；

[2] 弟子（黑衣者）突然上右步同時以右手日字沖拳擊向對方中線，師父（白衣者）立即以左窒手攔截對方右拳外側（尋橋），右手護手不變；

[3] 師父坐馬側身，左手變按手以無情力封壓住對方右肘，將其右橋手壓下（占橋）；

[4] 師父左腳上步迫馬，進到對方右外門；隨身形前移，右手立即變按手控制住對方右肘，而左手騰出且力貫指尖，以標指直取對方眼睛。

[1]　　　　　　　　　　[2]

即學即用的**詠春拳**實戰絕技

[3]   [4]

應用二：膀手批肘

◆**動作步驟：**

[1] 對峙雙方分別以鉗陽馬問路手(交叉手方式)戒備；

[2] 弟子突然上右步同時以右手日字沖拳擊向對方中

[1]   [2]

線，師父立即轉馬呈右坐馬，同時以右膀手攔截對方右拳內側（尋橋），左手護手不變；

[3] 師父瞬間轉馬呈左坐馬，右肘下沉，右手轉到對方右拳外側（由內門轉至外門）變捌手，抓住對方手腕；

[4] 師父捌手以無情力下拉對方右手腕（占橋），同時起左肘以批肘橫向擊打對方右肘關節，兩手合力形成反關節拿之勢。

[3]　　　　　　　　　　　　　　[4]

應用三：耕攔手

◆動作步驟：

[1] 對峙雙方分別以鉗陽馬問路手（交叉手方式）戒備；

[2] 弟子突然上右步同時以右手日字沖拳擊向對方中線，師父立即轉馬呈右坐馬，同時以耕攔手攔截對方右拳內側（尋橋），右手耕手在上，左手攔手在下；

[1]　　　　　　　　　　　　　[2]

[3] 師父瞬間轉馬呈左坐馬，右耕手變攔手下轉到對方右拳外側（由內門轉至外門），左攔手抬起蓄勢待發；

[4] 師父左腳上步迫馬，右攔手將對方右橋手壓下（占橋），同時左手以橫掌擊向對方右側面。

[3]　　　　　　　　　　　　　[4]

應用四：捆手踢腳

◎**動作步驟：**

[1] 對峙雙方分別以鉗陽馬問路手（交叉手方式）戒備；

[2] 弟子突然上右步同時以右手日字沖拳擊向對方中線，師父立即轉馬呈左坐馬，同時以捆手攔截對方右拳外側（尋橋），右手攤手在上，左手攔手在下；

[3] 師父右手掌心向下變捌手抓住對方手腕，左手掌心向上變托手頂控對方肘部，兩手合力呈反關節擒拿之勢（占橋）。

[4] 師父右腳往後撤步，兩手合力將對方橋手下拉，同時左腳以正踢腳踢向對方中線胸口。

[1]

[2]

[3]   [4]

應用五：穿手連環標指

◈**動作步驟：**

[1]對峙雙方分別以鉗陽馬問路手(交叉手方式)戒備；

[2]弟子突然上右步同時以右手日字沖拳擊向對方中

[1]   [2]

線，師父問手立即變標手
攔截對方右拳內側（尋
橋）；

[3] 師父左腳開步，
右手同時在自己的左肘下
穿出，變標手傳至對方右
橋手外側（由內門轉到外
門），左手收為護手；

[4] 師父左腳上步迫
馬，右手變按手以無情力
封壓住對方右肘（占
橋），左手以標指直取對方眼睛；

[3]

[5] 師父再迫馬貼身，左手變按手加力封壓對方右肘
（占橋），右手以標指連續直取對方眼睛。

[4]

[5]

應用六：迫馬按手橫掌

◈**動作步驟：**

[1] 對峙雙方分別以鉗陽馬問路手（同側手方式）戒備；

[2] 弟子突然上右步同時以右手日字沖拳擊向對方中線，師父右腳稍後撤側身呈左坐馬，右手立即變拍手攔截對方右拳外側（尋橋），右手在胸前做護手；

[1]

[2]

[3] 師父左腳上步迫馬，左手以無情力按壓住對方右肘（占橋）；

[4] 師父貼身封死對方右側外門，左膝緊逼對方右膝蓋窩，同時右手以橫掌擊向對方下頜。

[3]

[4]

應用七：格手搠手殺頸

◈動作步驟：

[1]對峙雙方分別以鉗陽馬問路手(同側手方式)戒備；

[2]弟子突然上右步同時以右手日字沖拳擊向對方中

[1]

[2]

線，師父側身呈左坐馬，右
手立即變格手攔截對方右拳
外側（尋橋），左手在胸前
做護手；

[3] 師父轉腰帶動右手
卸掉對方衝力，並以右掌根
發力將對方右橋手引下；

[4] 師父右手變捌手抓
住對方右手下拉（占橋），
同時左腳上步迫馬進到對方
右腳之後「食位」，左手變
掌抬肘蓄勢待發；

[3]

[5] 師父瞬間完成貼身控制，左手毫不停留以殺頸手
直取對方咽喉。

[4]

[5]

應用八：甩手護頭

◎動作步驟：

[1]對峙雙方分別以鉗陽馬問路手（交叉手方式）戒備；

[2-3]弟子突然上右步同時以右拳上舉，利用身高優勢從上往下砸向對方頭部，師父見其拳頭劈來，突然下蹲彎腰，避過其鋒，令對方拳頭落空；

[4]師父趁其拳頭去勢未消不及回防，雙腳蹬地，雙手猛然上舉，先於頭部升起，右手恰擋在對方右橋手外側（尋橋），形成保護頭部的防禦之勢；

[1]

[2]

[3]　　　　　　　　　　　[4]

[5] 師父左腳上步，右手變按手猛力下按對方右肘
（占橋），左掌蓄勢待發；

[6] 師父迫馬且身形前移，左掌以橫掌擊向對方頭部
側面。

[5]　　　　　　　　　　　[6]

應用九：三分用腳奏奇功

◆**動作步驟：**

詠春拳七分用手三分用腳，手腳結合並用往往效果極佳。

[1]對峙雙方分別以鉗陽馬問路手(交叉手方式)戒備；

[2]弟子腳步未動突然左手一拳打來，師父右手以拍手攔截對方左拳；

[3]弟子突然上右步同時連環出拳，右手以日字沖拳擊向對方中線，師父立即轉馬呈右坐馬，同時右拍手並不回撤，立即變為右膀手攔截對方右拳內側（尋橋），左手護手不變；

[4]師父突然轉馬呈左坐馬，同時雙手變捆手，右肘下沉，右手轉到對方右拳外側（由內門轉至外門）變攤手，左手做攔手防禦下方；

[1]　　　　　　　　　　　[2]

[3]　　　　　　　　　　　　[4]

[5]師父右腳往後撤步呈Ｔ字馬，左腳在前；同時右手掌心向下變捯手抓住對方手腕上部，左手掌心向上變托手抓住對方手腕下部，兩手合力抓牢對方手腕（占橋）；

[6]師父兩手合力將對方橋手下拉，同時左腳以正踢腳踢向對方中線胸口；

[5]　　　　　　　　　　　　[6]

　　[7-8]師父一腳命中，並不停留，雙手將對方手腕往己方的方向拉，疾收左腳側身，又以左斜撐腳踩向對方右腳膝蓋關節。

[7]　　　　　　　　　　　　　　[8]

詠春拳七大實戰搏擊原理之「平衡至上」

在力相當的情況下，高手過招，手法已經顯得不太重要，無非是上一個回合他打中我兩下，我打中他一下；而下一個回合，我打中他兩下，他只打中我一下，總體平均，相差無幾。特別是詠春同門，彼此手法熟悉，上述諸如中線防守、直線攻擊、尋橋換橋等，已經爛熟於心，施展的過程中隨心所欲、無須思考，雙方毫無秘技。

這種情況下就考驗另外一種功夫：平衡。許多功夫精純的老師父，並不是練到出手快如閃電，也不是一拳打出天崩地裂，而是氣定神閑、慢條斯理，卻舉手投足之間，將對方擊出或放倒，這是極高深的境界。然而這種境界說穿了並不神秘，只是較難練成，兩個字即可解釋：制衡。

任何人只有在保持平衡的狀態下才能做出到位的動作，在失衡的情況下，你只能聽任外力的牽引而不由自主。詠春拳的威力除了招式的快、寸勁的很，還有一個非常隱藏的撒手鐧就是：制衡。

嚴詠春如果只是憑著手快打了土霸兩巴掌，或者以寸勁打掉土霸一顆牙齒，土霸能認輸嗎？肯定不會。但是土霸被嚴詠春以匪夷所思的方法放倒在地的話，想不認輸都不行的。那一個小女子憑什麼放倒一個大男人呢？就是用破壞對方平衡的方法。詠春拳實際上非常講求制衡，包括保持自身的平衡和破壞對方的平衡。

筆者經常有與洋人友好交流的機會，論體型和氣力，

中國人是難與洋人相比的，但論巧妙的制衡功夫，還是中國人優勝，關鍵是揚長避短。詠春高手對於對方力量的流轉非常敏感，在雙方接手的過程中能夠感知對方的重心所在（太極拳叫「聽勁」，詠春拳叫「尋橋」），找到對方重心的瞬間，再綜合運用手法、步法和發勁，使對方的運動偏離重心而失穩，在對方平衡被破壞的一剎那借力打力將對方擊飛或放倒。

　　太極拳如此，詠春拳亦如此，所以佛山許多師父說詠春拳是內家拳也不無道理。

　　詠春拳口訣裡「來留去送」也好，「吞吐浮沉」也好，說的就是制衡的道理。

　　要保持自身平衡，首先下盤功夫要練好。對於鍛鍊下盤的二字鉗陽馬、坐馬、轉馬、迫步、梅花步和各種腳法，要多加練習並細心體會重心位置，在運動狀態中提高自身的平衡能力。

　　其次，要多與同門進行黐手或離手的對抗訓練，培養自己在受到外力干擾的情況下保持身體重心的平衡，並綜合運用詠春拳搏擊原理破壞對手平衡的能力。

　　在本門詠春拳體系裡，平衡在許多基本動作裡被強調，如二字鉗陽馬，上身要保持中正，切勿後仰或前俯；而坐馬步，重心要落在兩腳之間的中央（即兩腳之間50%處），並不是70%落在後腳、30%落在前腳；在轉馬或直線進退的移動狀態時，兩腳要分別提起，並非以兩腳同時碾地轉馬或移動，並保持重心不要起伏，而是在同一水平線上。

詠春拳的七大搏擊原理，每一條都不是孤立的，相互滲透綜合運用才能令功夫得到提升。功夫不是讀來的、看來的，是練出來的。當你透過苦練加思考，對這七大原理得心應手之時，你不但是一個高手，也可以成為一名師父了。到時候你也會參透以下戚繼光在技擊經典《紀效新書》裡所說的：「全書總要，只是乘他『舊力略過，新力未發』八字耳。至妙至妙！」

三、
木人樁訓練第三課

第九節

[1]**起手問路**：接上節問路手不變。

[2]**高膀手入樁**：左腳左移轉馬做迫馬呈右坐馬，右手抬肘做膀手擊於左樁手內側，左手收回做護手。

[1]　　　　　　　　　　[2]

[3-4]**捌手批肘**：兩腳稍移再迫馬，腰身向右後擰轉出左樁手外側，右肘下沉令手掌順左樁手下溜至外側做捌手；左手握拳，左肘抬起做批肘橫擊於左樁手外側。

[3]　　　　　　　　　　　　[4]

[5]　　　　　　　　　　　　[6]

　　[5-6]**殺頸手**：腰馬不變，左拳變掌做殺頸手擊於椿頸正面。

　　[7]**漏打**：腰身左轉，右手變拳擊在左椿手之下椿手，左手回收變拍手拍擊左椿手外側前端。

[7]　　　　　　　　　　　[8]

[9]　　　　　　　　　　　[10]

　　[8]上下耕攔手：轉馬做左坐馬，兩手打出耕攔手，
左耕手擊於左樁手外側，右攔手擊於下樁手左側。

　　[9-10]高膀手：右腳右移轉馬做迫馬成左坐馬，左手
抬肘做膀手擊於右樁手內側，右手收回做護手。

[11-12] **捌手批肘**：兩腳稍移再迫馬，腰身向左後擰轉出右樁手外側，左肘下沉令手掌順右樁手下溜至外側做捌手；右手握拳，右肘抬起做批肘橫擊於右樁手外側。

[13-14] **殺頸手**：腰馬不變，右拳變掌做殺頸手擊於樁頸正面。

[11]　　　　　　　　　　　[12]

[13]　　　　　　　　　　　[14]

　　[15]漏打：腰身右轉，左手變拳擊在右樁手之下樁身，右手回收變拍手拍擊左樁手外側前端。

　　[16-17]上下耕攔手：轉馬做左坐馬，兩手打出耕攔手，左耕手擊於左樁手外側，右攔手擊於下樁手左側。

　　[18]上耕攔手：左坐馬轉馬成右坐馬，雙手互換做耕攔手，右攔手變耕手擊於右樁手外側，左耕手變攔手擊於左樁手內側。左手環繞左樁手，右手環繞右樁手，雙手互換配合轉馬反覆做上耕攔手，多少隨意，只需將最後動作定為左耕右攔即可。

　　[19]按手正掌：左坐馬轉鉗陽馬，左耕手變按手按於左樁

[15]

[16]

[17]

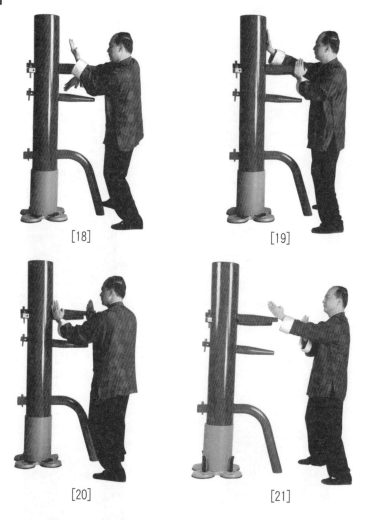

[18]　　　　　　　　[19]

[20]　　　　　　　　[21]

手，右攔手變正掌擊於椿首面門。

[20]**錯骨手**：腰身向右後擰，左掌前伸拍於左椿手根部外側，右掌下拉以大拇指根部扣壓左椿手前端內側，兩手形成鉗力。

[21]**問路收手**：腰身擺正回復鉗陽馬左問路手。

第十節

[1] **起手問路**：接上節問路手不變。

[2] **左低膀手入樁**：鉗陽馬轉馬成左坐馬，以左低膀手擊打下樁手左側，右手做護手。

[1]

[2]

[3-6] **低膀手**：左坐馬轉馬成右坐馬，右護手變低膀手擊打下樁手右側，左手做護手。再轉馬成左坐馬，左護手變低膀手擊打下樁手左側，右手做護手。

[3]　　　　　　　　　　　　[4]

[5]　　　　　　　　　　　　[6]

　　[7]**攤手**：腰馬不變，左手由下往上肘歸中做攤手於左樁手內側。

　　[8-9]**拍手穿手**：左手在左樁手下面圈手至樁手外側，掌心朝右令變拍手拍於左樁手外側，同時右手在左肘

[7]　　　　　　　　　　[8]

[9]　　　　　　　　　　[10]

底下穿出，左腳往樁身左側移步迫馬，右腳緊跟。

　　[10] **殺頸手**：轉馬成左坐馬，右手下按成按手於左樁手前端，左手變殺頸手斜砍於樁頸。

[11-13]**後掃腳**：左手收回成按手於左樁手前端，右手
以正掌擊於樁首面門，同時右腳往身體前蕩起，在右正掌
擊實的瞬間以右腳跟為發力點後掃擊於樁腳內側。

[14-16]**右低膀手**：右腳圈馬至樁腳右側做右坐馬，雙
手隨腰馬轉出，以右低膀手擊打下樁手右側，左手做護手。

[11]

[12]

[13]

[14]

[15]　　　　　　　　　　　　　[16]

　　[17-20] **低膀手**：右坐馬轉馬成左坐馬，左護手變低膀手擊打下椿手左側，右手做護手。再轉馬成右坐馬，右護手變低膀手擊打下椿手右側，左手做護手。

[17]　　　　　　　　　　　　　[18]

[19]　　　　　　　　　　　　　[20]

[21]**攤手**：腰馬不變，右手由下往上肘歸中做攤手於右椿手內側。

[22-23]**拍手穿手**：右手在右椿手下面圈手至椿手外側，掌心朝左令變拍手拍於右椿手外側，同時左手在右肘底下穿出，右腳往椿身右側移步迫馬，左腳緊跟。

[21]　　　　　　　　　　　　　[22]

[24]**殺頸手**：轉馬成右坐馬，左手下按成按手於右樁手前端，右手變殺頸手斜砍於樁頸。

[25-27]**後掃腳**：右手收回成按手於右樁手前端，左手以正掌擊於樁首面門，同時左腳往身體前蕩起，在左正掌擊實的瞬間以左腳跟為發力點後掃擊於樁腳內側。

[23]

[24]

[25]

[26]

[27]

[28]

[29]

[30]

[28-29]**上下耕攔手**：左腳圈馬落地於樁腳左側，轉馬做右坐馬，兩手打出耕攔手，右耕手擊於右樁手外側，左攔手擊於下樁手右側。

[30]**上耕攔手**：右坐馬轉馬成左坐馬，雙手互換做耕攔手，左攔手變耕手擊於左樁手外側，右耕手變攔手擊於

右樁手內側。左手環繞左樁
手，右手環繞右樁手，雙手互
換配合轉馬反覆做上耕攔手，
多少隨意，只需將最後動作定
為左耕右攔即可。

　　[31]**按手正掌**：左坐馬轉
鉗陽馬，左耕手變按手按於左
樁手，右攔手變正掌擊於樁首
面門。

　　[32] **錯骨手**：腰身右後
擰，左掌前伸拍於左樁手根部
外側，右掌下拉以大拇指根部
扣壓左樁手前端內側，兩手形成鉗力。

　　[33] **問路收手**：腰身擺正回復鉗陽馬左問路手。

[31]

[32]

[33]

第十一節

[1]**起手問路**：接上節問路手不變。

[2]**標指入樁**：左手標指標出擊於左樁手內側。

[3-4]**標指**：右手標指標出擊於右樁手內側，左手變

[1]　　　　　　　　　　　　[2]

[3]　　　　　　　　　　　　[4]

護手。左手標指標出擊於左樁手內側，右手變護手。

[5-6] **穿手**：左手屈肘後收，右手在左肘底下穿出，左腳往樁身左側移步迫馬，右腳緊跟。

[7] **殺頸手**：轉馬呈左坐馬，右手下按呈按手於左樁手，左手變殺頸手斜砍於樁頸。

[8] **漏打**：腰身向左轉，右手變拳擊在左樁手之下樁

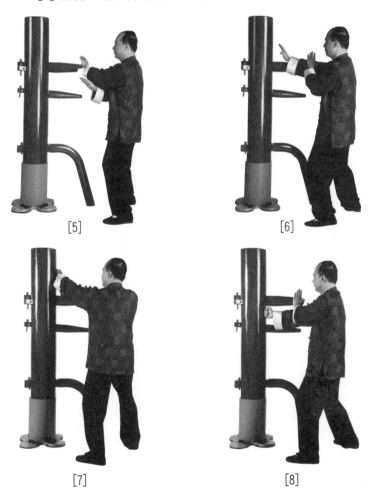

[5]　　　　　　　　　　　　[6]

[7]　　　　　　　　　　　　[8]

手，左手回收變拍手拍擊左樁手外側前端。

[9-12]**標指**：兩腳右移至樁身正面呈鉗陽馬，右拳收回變指再標出擊於右樁手內側，左手呈護手。再兩手互換做標指兩次，先左後右。

[9]　　　　　　　　　　　[10]

[11]　　　　　　　　　　　[12]

[13-14]穿手：右手屈肘後收，左手從右肘底下穿
出，右腳往椿身右左側移步迫馬，右腳緊跟。

[15]殺頸手：轉馬呈右坐馬，左手下按呈按手於右椿
手，右手變殺頸手斜砍於椿頸。

[13]　　　　　　　　　　　　　　[14]

[15]

[16] **漏打**：腰身右轉，左手變拳擊在右樁手之下樁手，右手回收變拍手拍擊右外側樁手前端。

[17] **上下耕攔手**：轉馬呈右坐馬，兩手打出耕攔手，右耕手擊於右樁手外側，左攔手擊於下樁手右側。

[16]

[17]

[18] **上耕攔手**：右坐馬轉馬呈左坐馬，雙手互換做耕攔手，左攔手變耕手擊於右樁手外側，右耕手變攔手擊於右樁手內側。左手環繞左樁手，右手環繞右樁手，雙手互換配合轉馬反覆做上耕攔手，多少隨意，只需將最後動作定為左耕右攔即可。

[19] **按手正掌**：左坐馬轉鉗陽馬，左耕手變按手按於左樁手，右攔手變正掌擊於樁首面門。

[20] **錯骨手**：腰身向右後擰，左掌前伸拍於左樁手根

[18]　　　　　　　　　　　　　　[19]

[20]　　　　　　　　　　　　　　[21]

部外側，右掌下拉以大拇指根部扣壓左樁手前端內側，兩手形成鉗力。

[21]**問路收手**：腰身擺正回復鉗陽馬左問路手。

第十二節

[1] **起手問路**：接上節問路手不變。

[2] **窒手入樁**：左手手腕微轉令掌心朝下，以左掌跟左側發力做窒手，擊於右樁手內側。

[3-4] **標手窒手**：左肘帶動，以左掌跟外側發力做標手，擊於左樁手內側；同樣以寸勁發力做左窒手，擊於右樁手內側。

[1]

[2]

[3]

　　[5-6]**伏打**：左手變伏手扣壓於右樁手上，右腳稍往右移轉馬呈右坐馬，右手肘歸中令右手呈橫掌以肘底力擊打於右樁手下部樁身。

　　[7]**捆手**：雙手變捆手，左攤手擊於左樁手內側，右膀手擊於下樁手右側。

[4]　　　　　　　　　　　　　　　　[5]

[6]　　　　　　　　　　　　　　　　[7]

[8-9]**破牌手**：右坐馬轉鉗陽馬，兩肘內夾歸中令掌跟相對呈蝴蝶掌，左上右下；以肘底力發寸勁以破牌手上下同時擊於椿身正面，左手呈正掌，右手呈底掌。

[10-11]**膀手**：兩手收回，左腳左移轉馬呈右坐馬，右手做膀手於左椿手內側，左手呈護手。

[8]

[9]

[10]

[11]

[12-13]**破牌手**：右腳圈馬食位入樁腳左內側，左腳跟步移動呈左坐馬；兩肘內夾歸中令掌跟相對呈蝴蝶掌，右上左下；以肘底力發寸勁以破牌手上下同時擊於樁身側面，右手呈正掌，左手呈底掌。

[14-15]**上下耕攔手**：右腳圈馬於樁腳右側呈左坐

[12]

[13]

[14]

[15]

[16]

[17]

馬，雙手做耕攔手，左耕手擊於左
樁手外側，右攔手擊於下樁手左
側。

[16-17]**上耕攔手**：左坐馬轉
馬呈右坐馬，雙手互換做耕攔手，
右耕手擊於右樁手外側，左攔手擊
於左樁手內側。左手環繞左樁手，
右手環繞右樁手，雙手互換配合轉
馬反覆做上耕攔手，2～3次皆
可，將最後動作定為左坐馬左耕右
攔。

[18]

[18]**按手正掌**：左坐馬轉鉗陽馬，左耕手變按手按於
左樁手，右攔手變正掌擊於樁首面門。

[19]**錯骨手**：腰身向右後擰，左掌前伸拍於左樁手根

部外側，右掌下拉以大拇指根部扣壓左椿手前端內側，兩手形成鉗力。

[20]**問路收手**：腰身擺正回復鉗陽馬左問路手。

[21-24] **收馬**：兩掌收至左右胸前，兩肘抬起且掌心朝下徐徐按下，左腳往右併半步，右腳接著併半步令兩腳

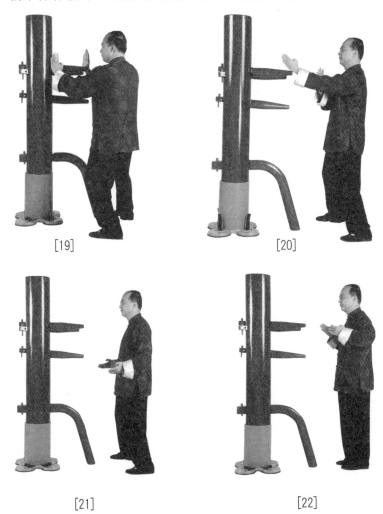

[19]

[20]

[21]

[22]

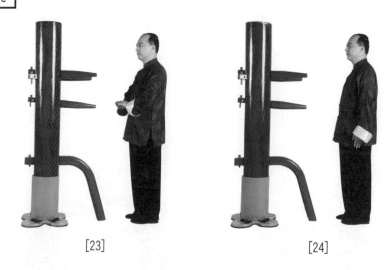

[23]　　　　　　　　　　　　[24]

合攏；雙膝由彎曲徐徐站直，兩掌下按至左右腹部，最後
將兩手自然放置大腿兩側，調勻呼吸，目視前方。木人樁
演練完畢。

葉問詠春之點脈

　　點脈，也叫點穴，是中國功夫裡存在的技法，只是沒有小說或電影裡如此誇張而已。

　　在佛山祖廟葉問堂的展品中，就有一本葉問留下的手抄本，據說是梁贊先生留下給次子梁碧和的，裡面就有點脈的內容。其實，這本手抄本筆者也有收藏，並不是什麼武林秘笈，而是摘抄數本前人醫書綜合而成，其中一部分出自清代藥學家楊成博所著，叫做《穴道秘書》。

　　書中寫道：「切不可亂出手傷人之命也，如若發，莫忘先師之付託。現看句不明，再看四圍圖式便能明曉，須言叮囑之語而亦自己良心。此書若傳好人，固可按部醫人，如歹人得之則禍害不淺，切不可亂傳人矣……」所以，自古以來在武林界，點脈主要用於醫術之中，並不是單純為了技擊。

　　點脈首先要認脈。現代中醫將經脈分為正經十二經脈和奇經八脈兩類，另有分枝的「十二經別」。葉問遺留手抄本裡寫道：「人有一十八大穴，五十四小穴，天地人和

四大穴，此乃傷人之命也。何為小穴，手足四肢是也，內外筋骨共成七十二穴。」還有的說法是：「人身有三十六死穴七十二活穴，合之周身有一百零八穴。」

　　注意，所有這些都只是存在於傳統醫書裡面，那些所謂死穴、活穴、大穴、小穴，跟現代中醫的經絡穴道名稱是兩回事，二者不能混淆，也不一定能對應上。

　　人體的經脈分佈著數不清的穴道，即便是現代科學也還未能完全弄清，但是學習點脈術，只是需要知道一些能產生麻、啞、暈、死、咳、笑等效果的穴道即可。

　　按照詠春的點脈理論，人體的經脈氣血和穴位是按照四季不同以一天的時辰來進行流轉開合變化的，這就是「按時取穴」的原理。

　　葉問遺留手抄本裡這樣說：「師曰：要害生死血道，要明春夏秋冬四季、十二時辰，方可次斷生死。」「子時血行道左咽喉，名為

梁贊在越南傳下的點脈醫書內頁之一

仙鵝，取血穴傷者，七十二日而死；丑時血行道左筋，名
為盤元穴，傷重者三七九日而死；寅時血行道右筋，名為
肚角穴，傷重者一日一死，輕者周年半載而死……」讀之
苦澀難懂，玄之又玄。

　　簡單說起來是這樣的：人皆有血氣，血為母，而生
氣，血有「血頭」，周身流轉，依一年四季每日時辰而到
達的位置不同，由此氣
轉全身經脈。若被打
穴，穴道封閉，血頭受
阻，血則不通，氣則凝
滯，不通則痛；如要解
穴，推宮過血，服藥疏
氣，通則不痛。

　　在詠春的點脈術
裡，主要手型有標指和
鳳眼拳，動作分別叫戳
和啄，其次殺頸手亦可
應用，叫做斫。

　　無論是用拳，還是
用指掌，都要透過特殊
的訓練方法來令它們有
足夠的力氣，還需要以
特殊配方的藥酒浸泡雙
手，才能舒筋活絡，力
氣雙修。

　　點脈是秘傳功夫，

梁贊在越南傳下的點脈醫書內頁之二

所以在詠春體系裡點脈是排在木人樁之後。以前學習者在標刻有經脈穴位的木人樁上練習，嚴禁施於人體。

會點脈，同時也要會解脈。解脈，透過推宮過血（就是穴位推拿按摩）和吃解藥，這就是為什麼點脈的「秘笈」其實都是醫書的原因，裡面運氣陰陽五行、配藥君臣佐使的說法比比皆是，比如：「男人氣從左轉歸陽，女人氣從右轉歸陰」，「男左女右，男人推丹田為主，女人推肚臍為主」，解藥驗方有「通關散」、「還魂丸」、「續命湯」等等，足夠武俠小說的作者發揮想像。

許多民間醫術雖然難以用現代醫藥科學加以論證，但有些現代中醫或西醫有所不達的地方，這些民間傳統醫術和驗方還是有其獨到之處，起碼為解決某些疾患問題提供了另一種方法。

當你有足夠的功夫可以自衛保身的時候，點脈不一定會成為你熱衷追求的秘技，相反，當你因為學習點脈而掌握了豐富的跌打醫術之後，可能興趣反而傾向如何救人於疾患困厄了。如此即可獨善其身，又可惠濟他人。

佛山，自古有「醫武同源」之說。佛山的正骨跌打中醫全國有名，點脈和骨傷醫治聯繫緊密。從古到今佛山的很多師傅也是杏林聖手，所以準確地說，佛山可以稱為「醫武之鄉」。

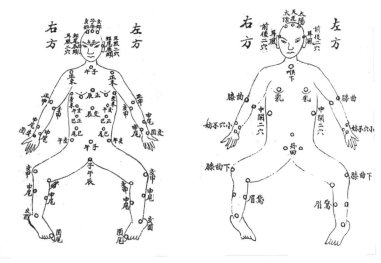

順行穴圖

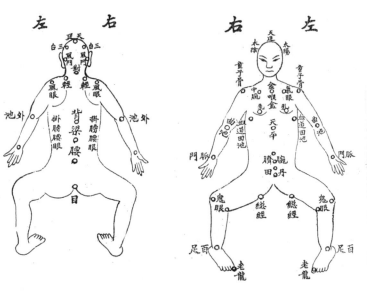

天地人和背後圖　　　　　天地人和正面圖

後　記

　　我研究詠春拳至今十多年，可以說這本書的籌備時間也經歷了這麼長的時間。

　　文武異曲同工，殊途同歸。功夫和文字都需要長期的積累，厚積薄發。這些年裡，我得到的鼓勵和幫助不計其數，在此要特別感謝以下人士：

　　梁贊宗師的曾孫梁文樂前輩以及游善碧女士無償提供關於「佛山贊先生」的家乘資料；

　　世界詠春聯會主席、葉問宗師長子葉準先生，香港詠春聯會主席、《葉問》電影出品人冼國林先生的序言，以及詠春新生代、功夫影視新星杜宇航和陳嘉桓的推薦語；

　　嶺南各精武友會：香港盧偉強主席、澳門梁忠靈會長、廣州招德光會長的幫助；

　　佛山精武體育會各會長：精武拳羅潤作、鷹爪拳杜睿、太極拳鄭玲、白眉拳陳幼民、永春拳江潤金、洪拳吳德明、少臨南家拳張松清、詠春拳高原的鼎力支持；

　　佛山詠春「梁師傅」：梁士秋會長、梁湛聲會長、梁健華館長、梁楠館長、梁澤廣理事等兄弟多年的拳法交流和戰鬥友誼；

　　姚才詠春派霍超師伯和阮奇山詠春派梁牛師伯摒棄門

戶之見的賜教；

阮奇山嫡孫阮祖棠師傅欣然提供家乘資料；

佛山攝影師譚兼之為我和中外弟子拍攝了四次外景；

中國詠春剪紙第一人、佛山現代剪紙藝術家鄧燕平女
士的剪紙作品；

佛山「風舞星原」動漫工作室創作總監岑偉鋒及其團
隊的漫畫創作；

佛山塗椏工作室王志勇先生提供部分地方誌文獻和歷
史圖片；

暨南大學新聞學胡莎麗碩士的義務文案策劃；

遼寧科學技術出版社社長宋純智先生和靈智偉業文化
傳播有限公司總編輯朱凌琳女士對本書出版所給予的大力
支持；

提供幫助者甚多，未能一一盡錄。

最後特別感謝家師張卓慶教授，他以古稀之年來佛山
將其平生絕技盡心回傳，並鼓勵我大膽開拓創新，師徒情
緣足慰平生。

成事不易，但求盡力。本書能讓讀者對詠春拳有所瞭
解，激發學習功夫的一點興趣，從中學到詠春拳的一些要
領，我就感到十分欣慰了。

梁旭輝

於佛山

養生保健 古今養生保健法 強身健體增加身體免疫力

 醫療養生氣功
 中國氣功圖譜
 少林醫療氣功精粹
 龍形實用氣功
 魚戲增視強身氣功
 道家玄牝氣功
 仙家秘傳祛病功

 少林十大健身功
 中國自控氣功
 醫療防癌氣功
 醫療強身氣功
 醫療點穴氣功
 中國八卦如意功
 正宗馬禮堂養氣功

 秘傳道家筋經內丹功
 三元開慧功
 防癌治癌新氣功
 禪定與佛家氣功修煉
 顛倒之術
 簡明氣功辭典
 八卦三合功

 朱砂掌健身養生功
 抗老功
 意氣按穴排濁自療法
 健身祛病小功法
 張氏太極混元功
 中國少林禪密功
 郭林新氣功

 太極
 現代原始氣功
 開脈太極
 養生保健大PK
 渾圓功
 太極內功養生法
 無極養生氣功
 小周天健康法

 易筋經
 洗髓經
 精功易筋經
 武術健身活氣功
 手臂健身法
 養生導引術
 養生長壽功

 太極拳內功養生心法
 意拳
 靜坐要訣
 啟動自癒力
 洗髓經健身術

太極武術教學光碟

太極功夫扇
五十二式太極扇
演示：李德印 等
(2VCD)中國

夕陽美太極功夫扇
五十六式太極扇
演示：李德印 等
(2VCD)中國

陳氏太極拳及其技擊法
演示：馬虹(10VCD)中國
陳氏太極拳勁道釋秘
拆拳講勁
演示：馬虹(8DVD)中國
推手技巧及功力訓練
演示：馬虹(4VCD)中國

陳氏太極拳新架一路
演示：陳正雷(1DVD)中國
陳氏太極拳新架二路
演示：陳正雷(1DVD)中國
陳氏太極拳老架一路
演示：陳正雷(1DVD)中國

陳氏太極拳老架二路
演示：陳正雷(1DVD)中國
陳氏太極推手
演示：陳正雷(1DVD)中國
陳氏太極單刀‧雙刀
演示：陳正雷(1DVD)中國

郭林新氣功
(8DVD)中國

本公司還有其他武術光碟
歡迎來電詢問或至網站查詢
電話：02-28236031
網址：www.dah-jaan.com.tw

原版教學光碟

歡迎至本公司購買書籍

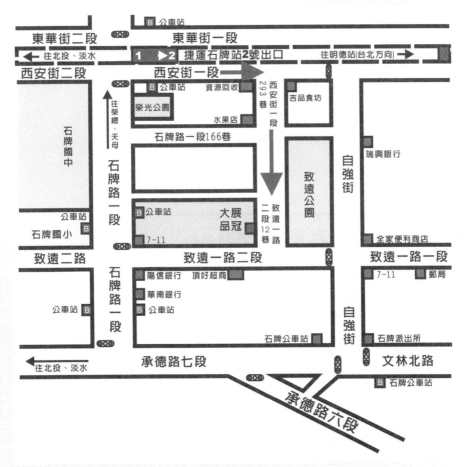

建議路線
 1.搭乘捷運‧公車
　　淡水線石牌站下車,由石牌捷運站2號出口出站(出站後靠右邊),沿著捷運高架往台北方向走(往明德站方向),其街名為西安街,約走100公尺(勿超過紅綠燈),由西安街一段293巷進來(巷口有一公車站牌,站名為自強街口),本公司位於致遠公園對面。搭公車者請於石牌站(石牌派出所)下車,走進自強街,遇致遠路口左轉,右手邊第一條巷子即為本社位置。

 2.自行開車或騎車
　　由承德路接石牌路,看到陽信銀行右轉,此條即為致遠一路二段,在遇到自強街(紅綠燈)前的巷子(致遠公園)左轉,即可看到本公司招牌。

國家圖書館出版品預行編目資料

即學即用的詠春拳實戰絕技／梁旭輝　著
——初版，——臺北市，大展，2016〔民105.12〕
面；21公分 ——（詠春拳；3）
ISBN　978－986－346－137－1（平裝附數位影音光碟）

1.拳術　2.中國

528.972　　　　　　　　　　　　　　　　　105019215

【版權所有・翻印必究】

即學即用的詠春拳實戰絕技 附DVD2碟

著　　者／梁旭輝

責任編輯／朱悅瑋　眾合

發 行 人／蔡森明

出 版 者／大展出版社有限公司

社　　址／台北市北投區（石牌）致遠一路2段12巷1號

電　　話／（02）28236031・28236033・28233123

傳　　眞／（02）28272069

郵政劃撥／01669551

網　　址／www.dah-jaan.com.tw

E－mail／service@dah-jaan.com.tw

登 記 證／局版臺業字第2171號

承 印 者／傳興印刷有限公司

裝　　訂／眾友企業公司

排 版 者／弘益電腦排版有限公司

授 權 者／遼寧科學技術出版社

初版1刷／2016年（民105年）12月

售　價／450元

●本書若有破損、缺頁請寄回本社更換●

大展好書　好書大展
品嘗好書　冠群可期